All Voices from the Island

島嶼湧現的聲音

陳昭如

無罪的罪人

迷霧中的校園女童性侵案

目次

一、序幕

那是個尋常的週末傍晚，爸媽帶著巧巧（化名）及她心愛的蝴蝶犬嘟嘟前往果園採木瓜。回程的路上，頑皮的嘟嘟不停地在車子前後座之間鑽來鑽去，逗得巧巧哈哈大笑。直到嘟嘟一溜煙鑽到爸爸駕駛座底下，把頭親膩地枕在爸爸胯下，巧巧突然天外飛來一筆：

「爸爸，你為什麼不把鳥鳥給狗狗親？」

看似無心的童言童語，讓媽媽莫名地緊張起來。這孩子腦筋不好，說起話來向來沒頭沒腦、顛三倒四的，可是從她口中說出男性生殖器官，還是頭一遭。她從來沒教過巧巧這類敏感的字眼，為什麼巧巧會這麼說？

「巧巧，妳剛才說什麼？」媽媽厲聲問道。

巧巧以為自己說錯了什麼，嚇得噤聲不語。

「你剛才是不是說『小鳥』？是誰教你的？」媽媽又氣又急地喊著。

巧巧垂著頭不說話，露出一副可憐兮兮的模樣。這樣的反應，讓媽媽忍不住語調揚了起來：「發生了什麼事？是不是誰對你做了什麼？媽媽問你，你趕快說啊！」

或許是媽媽的語氣過於嚴厲，或許是一連串問題讓人難以理解，巧巧不知該如何回應，只是前後晃動著身子，默不作聲。

任憑媽媽好說歹說、威脅利誘了老半天，都沒能讓巧巧開口。不知過了多久，巧巧兩隻手緊緊攬著心愛的嘟嘟，緩緩說道：「他嘛按呢把小鳥ㄉㄨ進我的嘴巴裡。」[1]

燥熱的紅暈已爬上媽媽的上衣領口。她很早就告訴巧巧，如果有人亂摸她，一定要跟媽媽說，怎麼還是發生了這種事？

「是誰把小鳥ㄉㄨ進你嘴巴裡？」媽媽力作鎮定地問道。

「他把小鳥ㄉㄨ進我的嘴巴裡。」

「是老師？還是小朋友？」

「是像爸爸一樣的人。」

像爸爸一樣的人？**那肯定是學校的男老師了**！媽媽深吸一口氣，繼續追問：「是上課的時候發生的嗎？」

「他嘛按呢把小鳥ㄉㄨ進我的嘴巴裡。」巧巧又重複說了一次。

媽媽特別盯著巧巧的雙眼，耐心問道：「這是哪一天發生的事？」

巧巧兀自玩起嘟嘟的耳朵，沒有反應。

「是早上還是下午？」

巧巧搖搖頭，沒說什麼。

任憑媽媽再怎麼問，巧巧不是搖頭，就是沒有任何反應。這時媽媽已經很累、很累了，虛弱的她勉強自己露出笑容：「好，媽媽知道了。這件事不可以跟其他人說，知不知道？」雖然事實尚未釐清，媽媽還是決定要巧巧別多說，否則會被人看不起，一輩子抬不起頭來。

1 根據「〇〇國小性侵害或性騷擾事件性別平等教育委員會調查小組調查報告書」第十一到十二頁，媽媽轉述巧巧的說法是：「老師嘛按呢把小鳥ㄉㄨ進我的嘴巴裡。」但根據該校危機小組會議紀錄提及媽媽最早的說法是：「……家長感到驚訝，以前從未聽過個案提及相關話題，以為個案遭同學欺負。」可見巧巧最初並未明確說出「老師」，恐怕是日後媽媽記憶有誤。

巧巧點點頭，順從地說了聲「好」。

這件事是真的嗎？事情是怎麼發生的？為什麼她這個做媽媽的竟然毫不知情？

巧巧爸媽做的是水果生意，每天批貨送貨忙得不可開交，沒有太多時間照顧女兒，平日巧巧住在外公、外婆家，直到週末才接回來與爸媽同住。巧巧的個性異乎尋常的開朗，是個討人喜歡的女孩，中度智障的她反應慢，能力差，光是每天上學讓她乖乖套上球鞋，一次伸出一隻小腳讓別人替她綁鞋帶，都得費上好大精力，更遑論要好好吃飯、睡覺或寫功課了。她不會看人臉色，心思很遲鈍，對人沒有防衛之心，讓媽媽老是提心吊膽，深怕這個傻女兒哪天被人拐走了，搞不好還會跟人家說謝謝。

如今巧巧說了如此匪夷所思的事，簡直把媽媽給嚇壞了。老師真的會做出這種事嗎？還是巧巧黑白亂講？有時巧巧連昨天做了什麼都交代不清，而且這陣子她照樣能吃能睡，生活作息也很正常，看不出有任何異狀。但話說回來，巧巧說話經常牛頭不對馬嘴，倒是從來沒有說過謊，這麼離譜的事，她沒有理由說謊，如果忽略了這樣的說詞，可能會害她陷入險境！

星期一，媽媽親自跑了一趟學校，告訴班導L老師這件事，請她留意巧巧的狀況。第二天，L老師告訴媽媽找到犯人了，他叫許倍銘，二十幾歲，從澎湖的學校調來不到兩年，前陣子替巧巧做魏氏智力測驗，應該是施測時下的毒手。L老師說她親自問過巧巧，還拿畢業紀念冊給她指認，巧巧很快從全體老師的合照中指出許老師，應該就是他了。

學校依《性別平等教育法》規定，通報警察局及性侵害防治中心，整起案件進入司法程序。經過冗長的司法過程，許倍銘以「故意對兒童犯乘機性交罪」，處以五年十個月徒刑。

許倍銘堅稱自己是清白的，從頭到尾沒有承認過。法院認為他「不知悔改」、「罪刑重大」，幾經上訴都被駁回。

許倍銘始終不認罪，但沒有人相信他。畢竟受害的是小孩，而且是智障的孩子，她與許倍銘無冤無仇，絕對不可能、也沒有必要說謊，不是嗎？

一起沒有目擊證人、也沒有物證的疑似性侵案，僅憑著八歲智障女童的說詞與指認，就這樣三審定讞了。

二、疑點重重

神奇的筆錄

《房思琪的初戀樂園》作者林奕含生前接受採訪時說：「當你閱讀《房思琪的初戀樂園》感到痛苦，我希望你不要認為『幸好只是小說』而放下它，我希望你與思琪同情共感。」

我很能理解林奕含這段話的意思。

撰寫《沉默》[1]與《沉默的島嶼》[2]的緣故，我傾聽過飽受創傷、無法平復的孩子的聲音，也見識過死不悔改、慣性犯案加害人的遁詞，這讓我感到恍惚，有種不可置信的感覺。「師對生」的性侵向來是建立在信任、崇拜、與權力不對等的狀況，孩子是迫於壓力不得不配合，猶如在加溫水杯中的青蛙，愈陷愈深，他們沒有死，但又和活著不一樣。這些世間極度的醜惡不是虛構出來的，而是活生生發生在周遭的事，這不只讓我與受害者同情共感，更讓我感到憤怒。

因此當臺灣冤獄平反協會（平冤會）執行長羅士翔偶然提起，有件智障學生被老師性侵的冤案，不知道我是否願意瞭解案情時，我心裡有著些微的不安，不確定自己是否能夠客觀看待此事。

我跟士翔認識很多年了。那時幾個朋友籌組「油症受害者支持協會」，剛從臺大法研所畢業、年輕熱情的士翔主動加入了我們。開會時他的話不多，多半只是專注傾聽，但只要分派給他的任務絕對如期完成，使命必達，日後協會順利促成《油症患者權益保障辦法》的通過，他的認真、專業與投入，絕對功不可沒。自從協會轉型並將辦公室遷至臺中，我們參與的機會少了，幾乎沒再見過面，這回他主動提及許案，就算我心裡有所疑慮，仍點頭表示同意。

隔了一陣子，士翔傳了一篇說明受害人（巧巧）在詢問過程遭到誘導的文章給我，我看了之後對案情確實有些疑問，但心裡仍有個關卡過不去。權勢性侵之所以觸目驚心，讓人難以接受，是因施暴者太清楚如何運用權力、資源扭曲事實，如何給受害者潑髒水。如果許倍銘就是這樣的人，是否值得我花時間研究他的案子？

但與此同時，心裡又有個聲音提醒我，冤案有個共同點，就是原先判決偏向有罪推定，而這樣的推定多半是根據證人不盡可信的說詞。如果許倍銘有罪的證據果真那麼薄弱，我能否暫拋個人成見，進一步瞭解狀況？

基於過去與士翔的革命情誼，以及對他專業能力的信任，我表示必須得知更多訊息才能判斷。對我而言，瞭解案情的唯一憑藉只有卷證，而不是別人的看法，除非可以掌握第一手資料，像是警察詢問筆錄、調查報告及法院判決，我才能決定。士翔很客氣地說，好，我來問問許老師律師跟他的家人，再跟你連絡。

就這樣，兩個多月過去了。就在我幾已淡忘此事之際，士翔突然來信：「……不好意思拖了一段時間。經跟許先生家人、律師團詢問，大家都很感謝昭如可來一起看看案件。」透過許家人的協助，我竭盡所能地蒐集了所有的調查報告、刑事與行政訴訟卷宗及相關文獻，如果把這些資料統統列印出來，疊起來大概有半個人那麼高吧。

1《沉默——臺灣某特教學校集體性侵事件》，陳昭如，我們出版，二〇一四。

2《沉默的島嶼——校園性侵事件簿》，陳昭如，人本教育基金會，二〇一八。

我最先查閱的是巧巧在警察局做的筆錄，這也是該案件成立的起點。在僅僅四頁的筆錄裡，巧巧的回答簡單明白，人事時地物也交代得清清楚楚。這份二〇〇八年十月二日做的筆錄是這麼起頭的：

問：年籍資料、教育程度、職業、連絡電話等是否正確？家庭狀況？同住者有何人？是否持有身心障礙手冊證明文件？

答：正確。我現在讀國小二年級，和外婆、哥哥和外公住在一起（被害人母親表示因離學校較近）。有（被害人中度智能障礙）但忘記帶手冊。

問：今天誰陪你一起來這裡？

答：有爸爸、媽媽，及高雄縣性侵害防治中心的社工姊姊陪我。

從筆錄上看起來，巧巧的表達簡潔有力，文法更是毫無破綻。待我看了警詢譯文（根據偵訊錄影帶整理的逐字稿），對照筆錄與譯文的內容，這一比對，讓我徹夜失眠。

譯文還原那時現場情況是這樣的：

員警：你叫什麼名字？
巧巧：巧巧。
員警：巧巧喔，好棒喔。你今年幾歲？
巧巧：（用手比出2）
員警：知道嗎？兩歲喔？
巧巧：（手比2）
社工：這是幾歲？
巧巧：（手比2）
員警：你今年幾歲？
社工：忘記啦？
員警：你念幾年級？念哪一所學校？
媽媽：講啊，你讀什麼學校？
員警：什麼國小？阿姨唸一下你的那個，那個姓名還有資料喔，你看對不對喔，你是巧巧，然後，身分證字號是○○○○○○○○○○，還有你的出生年月日是○○年○月○○日生的，你現在是念國小，幾年級？一年級還是二年級？
社工：你要講完才要……（把偵訊娃娃收走）
媽媽：講啊趕快講，趕快講。
員警：國小幾年級？
媽媽、社工（同時）：幾年級？
員警：一年級還是二年級？
巧巧：一年〇班。
媽媽：你已經二年〇班了，還在一年〇班？
巧巧：二年〇班。
員警：二年〇班。
媽媽：你已經升二年級了，你都不知道？
員警：然後，你住哪裡？家裡住哪裡？
巧巧：阿嬤那邊。
員警：阿嬤的，阿嬤的住址是什麼，知道嗎？
巧巧：（看向媽媽）

媽媽：知不知道？

員警：家裡電話幾號？

巧巧：（聲音模糊，被媽媽蓋過）

媽媽：你趕快講，阿嬤那邊的電話是幾號？講啊！

員警：阿嬤電話幾號？

媽媽：○老師不是有教你？○○○○○○○

巧巧：○○○○○○

社工：那是阿嬤家的電話，對不對？那家裡的電話，知道嗎？

媽媽：還不會背。

社工：還不會背。

巧巧：不會背。

員警：你現在是住在高雄縣○○鄉○○村○○路喔？現在是住這個地址喔？

媽媽：對，他現在住外婆家。

員警：○號嗎？

媽媽：對對

員警：戶籍地是高雄縣〇〇鄉〇〇村〇〇鄰〇〇路〇〇號。好，坐好喔。那你家裡還有什麼人？還有，家裡還有哪些人？妳跟誰住在一起？

巧巧：跟阿嬤，還有哥哥，還有阿公。

員警：阿嬤是外婆還是那個？

媽媽：外婆。

員警：阿嬤，還有哥哥，還有外公。外婆、外公還有哥哥。（對記錄員說）跟外公。沒有跟爸爸媽媽住啦。

媽媽：她只有……（聲音模糊）

員警：那是為什麼要跟外婆住？是比較，離學校比較近？還是怎樣？

媽媽：（沒回應）

員警：那她去，就是，去那裡住就是因為就學的原因嗎？

媽媽：對啊，她之前就都阿嬤帶的，她就都住在那邊。

巧巧：姊姊你看（將偵訊娃娃衣服脫掉，要社工看）

社工：等一下她會害羞，她會著涼。

員警：那她有沒有那個，那個智……身心障礙的那個手冊，有沒有領？

媽媽：有，忘記帶。

員警：忘記帶喔，是中度嗎？

媽媽：中度，可是她忘記帶手冊，手冊沒有帶來。

員警：妹妹，巧巧，啊今天誰陪你一起來這裡？

巧巧：媽媽，還有，媽媽還有爸爸。

巧巧既說不出家裡住址及電話號碼，就連自己幾歲、念幾年級都搞不清楚，顯見她的理解能力十分有限，表達能力也明顯不足。**她幾乎無法回答任何提問，多半是由媽媽代為作答，但筆錄上卻記載全是她說的話**，這樣的筆錄，難道沒有問題嗎？

筆錄與譯文之間的落差，不只存在於開頭五分鐘，也存在後面所有的段落。以巧巧描述性侵經過為例，筆錄記載她的說法如下：

那天星期二下午上第二節課時在教室，老師脫掉他自己的褲子到膝蓋，他站著，我坐在小板凳上，他把他的小鳥放在我的嘴巴裡（被害人使用偵訊娃娃示範），我的嘴巴有打開。

在他把小鳥放到我的嘴巴之前，他有拿他的毛巾綁住我的眼睛（被害人用毛巾示範綁偵訊娃娃，被害人不能確定毛巾的樣式及顏色）

從筆錄看來，巧巧的回答乾淨俐落，沒什麼好懷疑的。但譯文中幾段對話著實啟人疑竇：

●

員警：好，那老師怎麼脫褲子？

社工：脫到哪裡啊？是全部都脫掉？還是只有脫到一半？

巧巧：脫到這樣子（比膝蓋）。

社工：脫到這樣子。

員警：脫到這樣，脫到膝蓋這邊，然後呢？然後做什麼動作？

巧巧：然後他就站著。

社工：然後呢？你坐在哪裡？你是用站著還是用坐著？

巧巧：坐著。

員警（與社工同時發言）：你坐在哪裡？坐在小板凳上嗎？

巧巧：（拍沙發）

●

員警：老師把他的小鳥放到你的嘴巴裡喔？

巧巧：對。

員警：那你有沒有說不要？

巧巧：沒有。

員警：沒有喔，那他放到你嘴巴還有沒有做其他動作？

巧巧：沒有。

員警：身體有沒有一直動？

巧巧：沒有。

員警：沒有喔，那你有，那你有吃他的小鳥嗎？

巧巧：（搖頭）沒有。

……

社工：有沒有吃到？

員警：有沒有吃到？

巧巧：（搖頭）

社工：你有沒有吃到？

巧巧：（沒反應）

員警：那妳嘴巴有沒有張開？

巧巧：沒有。

員警：沒有他怎麼放進去？

媽媽：你不要一直玩（收走偵訊娃娃）

員警：你先回答阿姨的問題，待會再給你玩。許倍銘老師的小鳥有沒有放到你的嘴巴？

巧巧：有。

●

社工：他還有沒有做其他的事？（**拿走娃娃**）

媽媽：想看看，還有沒有什麼沒有跟阿姨說的？

社工：他有沒有把你的眼睛遮起來？

巧巧：對。

媽媽：他用什麼把你的眼睛遮起來？

巧巧：抹布。

員警：用抹布喔？髒髒的抹布喔？是嗎？擦過哪裡？

巧巧：擦過臉。

員警：是毛巾還是抹布？

巧巧：毛巾。

員警：毛巾是什麼顏色？

巧巧：不知道。

員警：是紅色還是白色？

巧巧：白色。

員警：那你知道那天是星期幾嗎？
巧巧：星期一。
員警：星期一？是星期一？
社工：這邊的寫星期二，九月九號。
員警：那天是早上還是下午的時間？
巧巧：下午。
員警：下午幾點？記得嗎？下午幾點，幾點記不記得？上第幾節課？蛤？
巧巧：第兩節課。
媽媽：第二節課。
員警：下午第二節課，星期一喔？
社工：沒有啊，這樣怎麼是星期一？……你忘記了喔？還是你不記得？
巧巧：（沒反應）
員警：你們確定是九月九號嗎？
社工：我是看，我這邊，通報單上，是的。
員警：對啊，你怎麼知道這時間的？

社工：因為L老師說，那一天許老師有安排她去單獨做測驗，所以那一天的時間是有確定的。

員警：有確定了。

社工：因為老師說就是那一天，他帶她去做測驗的。

員警：那就把它寫九月九日囉。

從筆錄與譯文的差異來看，我認為至少有以下疑點：

- 巧巧從沒說過自己「坐在小板凳上」，這是員警的猜測，為什麼筆錄卻記錄是巧巧說的？巧巧的反應是拍沙發，為何筆錄寫的不是沙發，而是小板凳？莫非員警認為教室不會有沙發，便逕自改成小板凳？
- 巧巧說，許倍銘把小鳥放進她嘴巴，卻否認吃到任何東西；問她嘴巴有沒有張開，她先是說「沒有」，等媽媽把偵訊娃娃拿走，卻改口說「有」。**為何筆錄記錄是「有」，而不是「沒有」**？
- 只要巧巧沒有反應，社工或媽媽就把偵訊娃娃收走，要她「不要一直玩」、「趕快講」。這是否會讓巧巧為了想要娃娃而隨口亂說？

- 巧巧從未提過毛巾，是**社工主動提及「他有沒有把你的眼睛遮起來」**，巧巧才說「抹布」，並在提醒之下改口說是「毛巾」。員警詢問毛巾顏色時只提供「紅色」與「白色」兩個選項，而巧巧也「配合」地說了「白色」。問題是，到底有沒有這條白色毛巾？
- 根據筆錄，巧巧說犯案時間是「星期二下午第二節課」，但從譯文中可以得知，這個時間點不是來自巧巧（事實上，巧巧說的是星期一，不是星期二），而是社工根據通報單說的。通報單的案發時間是怎麼來的？是L老師說的嗎？她的根據又是從何而來？是否有人進一步查證是否屬實？

光是前半段筆錄就有這麼多可疑之處，就連我這個法律素人都覺得大有問題，為什麼法官與檢察官看不出來？就算巧巧需要旁人協助才能說清楚，這些大人也不能越俎代庖到這種程度吧？再者，社工的職責是陪伴及安撫情緒，陪伴巧巧的社工卻拚命提問、引導與插話，這麼做，對嗎？[3]

待我查閱學校的性平調查報告，才發現調查小組也犯了同樣毛病。

根據《性別平等教育法》（簡稱性平法）規定，學校或主管機關接獲性騷擾或性侵調查申請或檢舉時，必須由性別平等委員會成立專門小組負責調查，做為決議如何處置的依據，並規定調查成員「應具性別平等意識，女性人數比例，應占成員總數二分之一以上，必要時，部分小組成員得外聘」。小組成員必須接受初階與高階培訓，內容包括校園性騷擾與性霸凌基本概念與法規、危機處理與媒體公關、懲處追蹤與行政救濟、調查程序中諮商技巧的運用及相關案例說明等，總計四十三小時。[4]

巧巧與媽媽是在接受警詢後才接受性平調查小組的訪問，小組成員包括律師甲、退休校長乙（以上兩位均為校外人士）及該校某主任。調查報告描述案件原委如下：

---

3 該社工在「性侵害案件減少被害人重複陳述作業訊前訪視紀錄表」上，說明巧巧的身體與情緒足以陳述應訊，且在第八項「需要其他資源協助」（如特教人員、手語老師等）一欄勾選了「否」。**像巧巧這樣中度智障、語言與認知能力不足的孩子在接受詢問時，理應需要專業人士，如有特教背景或心理諮商者的協助，為何該社工認為不需要？**

4 性平法自二〇〇四年六月二十三日立法公布實施，開宗明義點明是為「促進性別地位之實質平等，消除性別歧視，維護人格尊嚴，厚植並建立性別平等之教育資源與環境而設立」。它建立起一套通報、調查與懲處系統，對於打破長久以來包庇狼師、師師相護的校園文化功不可沒。不過調查小組受限於沒有司法調查權，多半只能透過訪問詢問案情，加上調查人員訓練有限，調查結果並非沒有爭議。這點可參考戴伯芬〈我們需要什麼樣的性平教育〉一文，巷子口社會學網站，https://twstreetcorner.org/2016/11/15/taipofen-6/，二〇一六年十一月十五日。

A女是在九十七年九月九日在資源班教室內接受行為人實施心理評量時，遭行為人以毛巾矇住雙眼，並將生殖器放入A女口腔內，行為人事後有先至校門口對面超商購買飲料給A女用，再讓A女返回教室。

A女有看到行為人將長褲及內褲脫下並遭行為人以毛巾矇住雙眼，雙手置於身後，且將生殖器放入A女口腔內，A女有聞到臭臭的味道……業經A女於接受輔導室訪談及調查小組兩次訪問時一再指認明確。[5]

調查報告看來就跟警詢筆錄一樣，巧巧的回答簡潔而明確，沒什麼好懷疑的。但若是詳閱調查報告的譯文，便可發現同樣是疑點重重：

甲：你剛剛有跟阿姨講說，許老師把鳥鳥放進小巧巧的嘴巴裡面，對不對？有沒有？

巧巧：（沒反應，一直玩偵訊娃娃）

乙：我來綁，好不好？

巧巧：（點頭）

乙：我要在前面綁，還是在後面綁？（**示範把毛巾綁在自己頭上**）

巧巧：（沒反應）

甲：許老師拿的毛巾跟這個有一樣嗎？

巧巧：（用手摀住偵訊娃娃的眼睛，沒有說話）

乙：在後面綁對不對，不能在前面綁？

巧巧：（點頭）

乙：綁完以後呢？就站在這裡？

巧巧：你就回去坐椅子。

乙：（移動至某定點）我就跑到這邊來坐椅子，是許老師吧？還是我？

巧巧：你坐著。

乙：那你告訴我許老師做了什麼？

巧巧：（沒反應）

5 見「〇〇國小校園性侵害或性騷擾事件性別平等教育委員會調查小組調查報告書」，頁二，二〇一〇年十二月九日。

乙：從後面跑去哪裡？

巧巧：（沒反應）

乙：跑到前面來，對不對？

巧巧：（點頭）

●

甲：你怎麼會這麼聰明，知道那就是鳥鳥？

巧巧：（沒反應）

甲：你怎麼會知道？還是你有看到老師脫褲子？

巧巧：（搖頭）

甲：還是看到老師穿褲子？

巧巧：沒有。

甲：你聽到許老師在脫褲子的聲音嗎？

巧巧：（搖頭）

甲：還是你有聞到味道？

巧巧：沒有。

甲：那你怎麼知道許老師把鳥鳥放進巧巧的嘴巴？

巧巧：（沒反應）

甲：可是媽媽有說過，不可以讓人家把東西放進嘴巴裡面，對不對？

巧巧：（沒反應）

甲：許老師那天跟你做智力測驗的時候，有沒有跟你講，我現在要放鳥鳥到你嘴巴去囉？有沒有講？

巧巧：（點頭）

乙：有啊？有講這句話嗎？

巧巧：（搖頭）

乙：有還是沒有？

巧巧：沒有。

乙：因為你聞到臭臭的，對不對？

巧巧：（搖頭）

乙：你剛剛說你有聞到臭臭的啊？

巧巧：沒有。

乙：你那時候嘴巴是開開的嗎？是誰叫你把嘴巴開開的？老師喔？

巧巧：（沒反應）

從上述幾段問答可以發現：

一、巧巧對問題不是沒反應，就是搖頭或點頭，調查小組是如何得到「巧巧被許倍銘用毛巾綁住眼睛，雙手置於身後，將生殖器放入她口中」如此明確的答案？

二、巧巧的說法經常前後矛盾。她說案發過程「聞到臭臭的味道」，再度向她求證，她又搖頭說沒有。問她許老師是否告知要把鳥鳥放進她嘴巴？她先是點頭，後來又說沒有，如此反反覆覆的情形屢見不鮮。調查小組是如何確認哪個答案才是正確的呢？

面對大人的詢問，巧巧不是無法作答，就是只能重複大人的話，這點十分符合語言發展遲緩者「鸚鵡式仿說」（Echolalia，指小孩經常重複說一個詞或一段話，而且是重複大人的話。一般正常孩子會在十二至三十個月大時出現，然後慢慢消失，但智障、自閉或因其他原因導致語言發展遲緩的孩子可能會持續很長一段時間）的特徵。像巧巧這樣片斷而破碎的證詞，有多少真實性？

對照巧巧在警詢與兩次性平調查的結果，就知道她的說法有多矛盾：

問題	二〇〇八年十月二日 警詢時說法 （光碟播放時間點）	二〇〇八年十月三日 性平調查說法 （光碟播放時間點）	二〇〇八年十一月十七日 性平調查說法 （光碟播放時間點）	說明
綁毛巾時你是坐著還是站著？	坐著（08: 42）		老師叫我站著（05: 08）	前後矛盾
有沒有看到老師脫褲子？	許倍銘老師脫褲子（07: 44）			重複問題，不是回答
被綁毛巾的反應？	高興（09: 22）	在笑（03: 20）		違反常理
有沒有看到老師穿褲子？		他就去後面穿褲子（06:13） 沒有（13: 47）		前後矛盾

問題	二〇〇八年十月二日警詢時說法（光碟播放時間點）	二〇〇八年十月三日性平調查說法（光碟播放時間點）	二〇〇八年十一月十七日性平調查說法（光碟播放時間點）	說明
有沒有看過許老師的鳥鳥？	有看過（06: 36）	搖頭（05: 16）（13: 08）（15: 45）		前後矛盾
有沒有叫你把嘴巴打開？		搖頭（18: 37）點頭（21: 10）沒有（21: 31）		前後矛盾
老師有沒有說，我要把鳥鳥放進嘴巴？		點頭（14:19）搖頭（14: 33）		前後矛盾
有沒有把鳥鳥放進嘴巴？	有（09: 36）			前後兩個答案互相矛盾
有沒有吃小鳥？	沒有（09: 36）			
鳥鳥放進嘴巴多久？	很久（13: 18）	一下子（12: 19）		前後矛盾
有沒有東西流出來？	沒有（11: 14）	點頭（09: 47）		前後矛盾

問題	二〇〇八年十月二日警詢時說法（光碟播放時間點）	二〇〇八年十月三日性平調查說法（光碟播放時間點）	二〇〇八年十一月十七日性平調查說法（光碟播放時間點）	說明
什麼時候跟老師說的？	做完測驗馬上跟L老師說			並非事實
會不會害怕許倍銘老師？	點頭（35:41）因為L老師叫我不要上他的課 我不會害怕他（37:44）			前後矛盾

判斷像巧巧這樣的孩子的證詞是否可信之前，必須先判斷她是否擁有基本溝通能力。不論是員警也好，性平調查成員也罷，都只是一而再、再而三地重複同樣問題，就算巧巧對問題的答案有時是肯定，有時是否定，**但他們最後採納的，永遠是偏向許倍銘不利的答案**。為什麼？

這案子肯定事有蹊蹺。

我花了三個多月，日日夜夜在文件的迷宮裡披荊斬棘。（啃噬這些文白夾雜，充斥專業術語，又不分段落的法律文件，真是件苦差事。什麼是「實難謂非不得如此也」、「似難謂非無理由」？為什麼要用雙重否定的語句，把白話文寫得如此拗口？）除了比對警詢筆錄與譯文，我也詳閱性平調查報告、醫院精神鑑定報告及法律訴狀與審判卷宗，赫然驚覺案情比想像中要複雜得多。

在我看來，這起案子的定罪依據異常薄弱，包括無從確認的案發現場、重複誘導的詢問過程、充滿偏見的專家鑑定、性平調查的技術瑕疵……所有法院認為足以定罪的證據，都有如建立在流沙上的城堡，處處充斥著漏洞、矛盾與不連貫之處。但，就算這座城堡根本站不住腳，只要城堡建造完成了，再也沒人在意它是怎麼堆疊出來的。

「無罪推定」不是刑事案件判決的基本原則嗎？為什麼憑著生理年齡八歲、認知能力三歲孩子的說法，就可以入人於罪？

這樣的判決簡直就像國王的新衣，國王明明沒有穿衣服，卻沒有人發現。或者，是沒有人敢說出來。

真相就是這麼地不加粉飾，赤裸裸到簡直不合邏輯到了極點，讓人不忍卒睹，也不敢逼視。

我不認識許倍銘，也不敢擔保他絕對清白，那天發生了什麼，唯有他、巧巧與上帝知道。但我心裡不免冒出個念頭，萬一，就算只有萬分之一的可能性，許倍銘是無罪的——至少我把所有檔案翻過來看，翻過去看了幾遍，證據就是串不起來，怎麼辦？

我一直以為，「強暴犯」與「受害者」是法律上對簿公堂的兩端，是善惡分明的黑白兩極，至於被視為「強暴犯」的人是否是被冤枉的，那是我拒絕瞭解的世界。如今鐵錚錚的事實擺在眼前，許倍銘很可能是無辜的，這對長期關注「性侵」與「障礙」議題的我來說，有如一記當頭棒喝。

沒有人想刻意陷害許倍銘，除了巧巧的說詞之外，沒有任何證據足以證明他犯了罪，但他還是被判有罪。

我決定記錄許倍銘的案子，這些被貼上「加害者」標籤的人，我想將自己從對他們的成見裡釋放出來。

這不只是為了許倍銘，也是為了我自己。

錯誤的起點

如果許倍銘沒有性侵巧巧，為什麼巧巧一口咬定是他？

這一切，都得從二〇〇八年九月十九日傍晚談起。根據媽媽回憶，巧巧告訴她：「他把小鳥ㄉㄨ進我的嘴巴裡。」待媽媽進一步追問：「是老師？還是小朋友？」巧巧回答：「是像爸爸一樣的人。」媽媽沒有懷疑這個說法，很快便認定是老師所為。問題是，**為什麼她一開始就認為「像爸爸一樣的人」就是老師，而不是其他鄰居叔叔或伯伯呢**？[6]

另外有個疑點，就是「像爸爸一樣的人」，是如何從「學校老師」變成鎖定在許倍銘身上？關鍵在於媽媽請L老師幫忙注意此事後，L老師到校長室拿了民國九十七年六月第六十一屆畢業紀念冊，要巧巧從一張老師集體合照中指認是誰性侵了她，據說巧巧很快就指出是許倍銘。媽媽接受地檢署調查時是這麼說的：

> 之前L老師也有找她去指認照片，但是我不知道她指出來是誰，是後來第二次要指認時，L老師找我去，她指認完後，L老師才跟我說她之前有指認過一次，她指的也是許老師。[7]

L老師的說法是：

她不認識幾位，我知道她接觸的男老師，就是那時候幫她做施測的被告，其他人都沒有跟她正式接觸過，我相信被害人也比較沒有機會去接觸或認識其他男老師，所以我才會用照片，我要確定被害人到底知不知道是哪一個，不可以去誣告別人，或只是小孩子的玩笑話，這件事情我們是非常謹慎在處理，所以才會拿照片給被害人看。

被害人指著照片的時候，她先指出那一個，我還故意去指其他男老師的照片，問她是不是這一個，是不是那一個，她都說不是。[8]

據我瞭解，那張全校四十五位老師的合照裡，並沒有代課老師及啟智班老師，況

6 二〇一〇年十二月十六日刑事審判庭上，辯方律師詢問媽媽：「當小妹妹跟你在車上講那些話之後，你為何沒有懷疑是她在外祖母住的家發生的？」媽媽的回答是：「我們家裡的人應該不會這樣子吧？」可見媽媽已先入為主地排除了家內性侵、或其他熟人犯罪的可能性。

7 這是二〇〇九年七月二十四日媽媽接受地檢署詢問時的說法。但二〇一一年一月二十日刑事審判庭上，**L老師堅稱她只讓巧巧指認過一次，而不是兩次。**

8 二〇一一年一月二十日刑事審判庭L老師的發言。

且L老師是基於什麼樣的理由，認為巧巧沒接觸過其他男老師？這樣的推測是否太想當然爾？萬一照片裡沒有性侵巧巧的人，她只是隨便亂指呢？

紐約州立大學的瑪帕斯（Roy Malpass）做過一個實驗，讓學生目擊模擬的犯罪過程，再將學生分成兩組進行實驗。他安排兩列指認隊伍，第一列隊伍裡有犯人，第二列隊伍則沒有。瑪帕斯告訴第一組學生，犯人已經被逮捕了，而且就在指認隊伍中，第二組學生則被告知犯人有可能不在指認隊伍中，如果沒看到就說沒看到。結果第一組學生全都指認某人是犯人，其中有二五％選錯了，第二組學生有八三％挑出犯人，只有十七％說犯人不在裡面。

這個實驗最有意思的地方，在於第二組學生的反應：明明指認隊伍裡沒有犯人，仍有八三％的學生受了偏差指示（biased instructions），相信隊伍中有犯人而做出錯誤指認。為什麼？因為要求證人從列隊或照片中挑出犯人，已經在證人心中種下了這樣的想法：「我們找到犯人了，你要做的，就是把他揪出來。」當證人看到列隊或照片，理所當然會認為犯人就在裡面。[9]這種微妙的暗示會影響證人的說法，但證人本身毫不知情。

當初巧巧指認的過程沒有錄音或錄影，我們無法得知L老師是怎麼問的。但我可以想像，媽媽既已認定巧巧受到性侵，而且是老師所為，將這樣的疑慮告訴L老師，L老師亦不疑有它，要求巧巧從合照中指出犯人，就算犯人不在照片裡，巧巧以為必須從中挑出人來，便指認了照片中她認識的男老師——許倍銘。

根據當時的《警察機關實施指認犯罪嫌疑人程序要領》，為避免發生指認錯誤，在第八章「指認程序」中提出幾個注意事項：

一、應為非一對一之成列指認（選擇式指認）。
二、指認前應由指認人先陳述犯罪嫌疑人特徵。
三、被指認之人在外形上不得有重大差異。
四、指認前不得有任何可能暗示、誘導之安排出現。
五、指認前必須告訴指認人，犯罪嫌疑人並不一定存在於被指認人之中。
六、實施指認，應於偵訊室或適當處所為之。
七、實施指認應拍攝被指認人照片，並製作紀錄存證。

9《辯方證人》（*Witness for the Defense*），頁七一，伊莉莎白・羅芙托斯（Elizabeth Loftus）、凱撒琳・柯茜（Katherine Ketcham）著，浩平譯，商周出版，二〇〇五。

八、實施照片指認，不得以單一相片提供指認，並避免提供老舊照片指認。

雖然L老師並不是警察，但是從既定指認程序來看，她至少犯了上述四、五、六、七項錯誤，尤其是在未確認巧巧被性侵之前便要求她指認，這是很危險的做法。可是L老師沒有意識到這點，畢竟我們總以為只要孩子講到某種性經驗，絕對是值得相信的，而我們需要做的，就是協助他指出犯人是誰，不是嗎？

不只是急於找出犯人的L老師是如此，警方也犯了同樣毛病。

十月二日員警拿許倍銘的口卡（身分證副本）問巧巧說：「這個人是誰？」巧巧答：「知道，是老師。」員警接著問：「你要不要讓他知道，這個行為是不對的？」巧巧很快說：「要。」員警繼續問：「要不要讓許老師接受處罰？」巧巧卻說：「不要。」員警要巧巧指認的意義是什麼？代表她指出誰是狼師？還是代表她認得許倍銘？這是兩種截然不同的解讀，然而員警相信與選擇的，顯然是前者。

還有一點值得討論的，就是偵訊娃娃（anatomical correct doll）的使用。

有時調查性侵案時會借助偵訊娃娃，讓年齡、智力、情緒或壓力等而無法描述的受害者透過指出娃娃的身體部位、或是操演當時狀況進行陳述。不過偵訊娃娃使用的時機與方法，以及使用是否會適得其反，各界有不同看法。

有不少實務經驗指出，偵訊娃娃有助於年幼或智障受害者陳述，也有部分案例顯示，偵訊娃娃無法取得接近真實描述，反而會因使用不當以及娃娃的設計（男娃娃突出的陰莖，讓人樂於把玩，或女娃娃陰道的洞口，讓人想把指頭插進去），打造出不存在的受害記憶。

以許案為例，大人屢屢在巧巧沒反應、或不回答時拿走娃娃，直到巧巧說出（他們想要的？）答案才可以拿回娃娃，有如把偵訊娃娃當成獎懲工具。至於性平調查小組則是透過娃娃營造輕鬆的氣氛，只是這麼做可能會讓巧巧以為是在玩耍，而不是還原當時狀況，如此得到的證詞的可信度自然大打折扣。

從下面這段性平調查小組與媽媽的對話，便可發現偵訊娃娃很可能不是在幫助巧巧回憶，反而是在幫助她**創造**記憶：

乙：你覺得跟我們講，跟她昨天在做筆錄的過程，這個中間有沒有什麼不一樣的地方？

媽媽：她幾乎都沒講這麼多。

乙：你會感覺拿偵訊娃娃講比較多？

媽媽：**說的比較多。她用偵訊娃娃可以做表演，一直表演，問她，她就會講了。**

乙：所以你說她說的，沒有跟昨天講的都不一樣？

媽媽：不一樣……可能要社工協助，然後給她偵訊娃娃，可能會讓她刺激。[10]

講的多，不代表就是事實。如果巧巧誤以為使用偵訊娃娃是大人在玩家家酒，所以拚命地加油添醋編造故事，讓大人誤以為她是在描述當時狀況，怎麼辨？

心理諮商專家陳慧女教授根據一九九〇年蓋兒．古德曼（Gail S. Goodman）與克莉絲汀．阿曼（Christine Aman）的研究指出，目前並無證據顯示使用偵訊娃娃對記憶會產生反效果；但瑪姬．布魯克（Maggie Bruck）一九九五年的研究認為，使用偵訊娃娃必須考量年齡，尤其是三歲以下孩子最好不要用，以免產生錯誤或不當聯結，並提出繪畫、投射測驗、手偶、人體結構圖等亦可做為指認性器官與性侵行為的工具。不過陳慧女也務實地表示：

目前國內在輔助工具的使用上，多半以使用娃娃為優先，但卻又欠缺標準化的詢訊問及操作娃娃的程序，以至於使用者不知道還有其他的輔助工具可應用，也不知道所為是否為正確方式，多半依據觀看別人的操作方式或自己當下的反應去使用，確實令人擔憂警詢與偵查所得證詞的確實性及社工陪同偵訊的品質，此類刑案攸關被害人及犯罪嫌疑人的司法正義，實不可不慎！[11]

心理學家伊莉莎白・羅芙托斯（Elizabeth Loftus）說，人們以為事件真相一旦被記憶，便在腦海中蟄伏不動，不會受到影響，其實正好相反。記憶會隨著時間消逝而衰退，事件發生一週後的記憶，絕比不上事件發生一天後的記憶那樣精準；事件發生一個月後的記憶，絕比不上事件發生一週後的記憶那樣精準；而事件發生一年後的記憶，也絕比不上事件發生一個月後的記憶那樣精準。因為記憶是建構性與創造性的產物，不是像錄影帶一樣的被動過程：

> 詢問證人時，其實是可以在設法從證人身上獲取訊息的同時，將其他訊息傳達

10 見○○國小疑似校園妨礙性自主案件調查報告逐字稿，調查時間：二〇〇八年十月三日。

11〈偵訊輔助娃娃在兒童性侵案件的使用〉，陳慧女，《全國律師》二〇一四年十二月號，頁五六。

> 給證人，當警方心裡認定了嫌疑犯的人選，或當警方對於案情有一定想法時，這種情況尤其危險，因為警方的想法可能會傳達給證人，因而影響證人的記憶。[12]

人的記憶只會愈來愈減退，而不會愈來愈清晰。巧巧在結束測驗後若無其事地回到教室，事隔一個月才想起來被性侵，這不是違反常理嗎？

根據衛福部二〇一五年統計，全國一年有八千多起性侵事件，其中有十%的受害者是障礙者，這個比例不可謂不高，難怪媽媽及老師聽到巧巧的古怪話語，會心急如焚地想找出犯人。然而巧巧有沒有被性侵？性侵她的是許倍銘嗎？單憑員警與性平小組的報告，實在很難斷定。我不免揣想，會不會巧巧只是隨口說了句話，被緊張兮兮的大人過度解讀了？媽媽要她說清楚，於是她說了，老師要她指認，於是她就指認了。因為她說了，也指認了，大家決定相信巧巧的話，因為孩子不會說謊。

即使這個八歲女孩的說詞，是如此地支離破碎。

自白

在判定一個人有罪之前，必須有合理的懷疑與明確的證據。只是巧巧反覆矛盾的說詞，讓人不禁想問，她指認許倍銘所做的事，真的發生過嗎？

許倍銘在替巧巧施測時發生了什麼？如今已沒有人說得清楚，更難以證實，只能透過許倍銘在接受調查及法庭上的說法，勉強拼湊出當時狀況，揭露這一切是如何逐漸走向荒謬的不歸路。

●

二〇〇八年九月九日。八歲的巧巧垂著頭，一手彎曲貼住臉頰，另一手拿著鉛筆在測驗卷上無意識地畫呀畫的，有點兒心不在焉。

教室牆上的時鐘顯示下午兩點，測驗已經過快半個鐘頭了。巧巧不是沒有反應，就是整個人愣在那裡，一雙純真無瑕的眼睛露出比實際年齡更稚嫩的神情，白眼仁比

12 同注10。

初雪還要潔白。

不消說，以巧巧的能力無法順利完成問卷上的問題，這點許倍銘已經是老經驗了。他面露微笑說：「你如果不會做的話，就跟老師說不會，好不好？」

巧巧抬頭看了他一眼，緩緩地、順從地說了聲「好」，露出甜甜的笑容。

許倍銘是高雄縣○○國小特教業務的承辦人，負責替巧巧這樣的孩子進行智力測驗。他從屏東師院特教系畢業被分發到澎湖某國小任職，施測經驗十分豐富，做過近五十個個案。因為對家鄉年邁的父母放心不下，在澎湖工作五年即將晉升為主任之際，毅然決然申請調回本島服務，到高雄縣○○國小已經快要兩年了。

那日下午一點半，就讀普通班的巧巧在同學李○○的陪同下來到資源教室，進行一對一魏氏智力測驗，施測內容有圖形辨識，紙筆測驗，操作積木等，做為未來是否改讀啟智班的依據。那也是許倍銘第一次見到巧巧。巧巧很活潑，配合度很高，遇到無法理解的問題，頂多只是微微皺起眉頭，或是站起來晃兩下，不像有些孩子吵吵鬧鬧的，讓人傷透了腦筋。

根據魏氏智力測驗規定，為避免施測過程受到干擾，應選擇安靜不受打擾的空間，該校位於二樓走道盡頭的資源教室是極佳地點。許倍銘刻意將教室前門與靠近走道的窗戶打開，與巧巧分坐距離前門不遠的桌子兩側，任何人只要經過教室，便能將裡頭看得一清二楚。身為男老師，許倍銘知道要如何避嫌，以免造成不必要的誤會。

兩點多下課時分，智障的黃○○跑來跟許倍銘借剪刀，領著巧巧到資源教室做測驗的李○○進來在黑板上胡亂畫了一陣，過了不久，自閉症的吳○○也來玩電腦，直到上課鐘響才離開。照理說，施測過程不該讓孩子進進出出的，但這幾個孩子還算乖巧，許倍銘只比出噤聲的手勢，示意他們盡快離開，並沒多說什麼。

巧巧很多題目答不出來，測驗不到三點鐘就結束了。許倍銘領她走出資源教室，沿途經過隔壁的輔導室與校長室，順著樓梯走到一樓中庭，他請巧巧稍等一下，自己走到學校對面的7-11買飲料給巧巧。只要施測過程表現良好，孩子就有飲料可以喝，這是他一貫的獎勵手法。

他領著巧巧回到教室時，正好是掃除時間。班導L老師及啟智班K老師看到巧巧興高采烈地走進教室，問她手上的飲料是哪來的？巧巧還沒來得及回答，許倍銘連忙上前解釋：「是我請的啦！」

九月十日，許倍銘經過巧巧教室時，蹲在門口穿鞋子的巧巧認出他，對他笑了一下。

九月十一日上午，許倍銘替智障的荷荷（化名）施測，事後也買了飲料給她。

十月十四日傍晚六點多，婦幼隊女警來到許家，請許倍銘到警局一趟。聽到自己涉案，許倍銘還搞不清楚是怎麼回事，只想著盡快去解釋清楚，便在弟弟及女友陪同之下前往警局。直到員警告知他被巧巧指控性侵，讓他驚愕地不知該如何反應。一個只見過一、兩次的小孩，怎麼會指控他做出這麼可怕的事？

「你拿麥香奶茶給她喝完以後，是不是有拿毛巾綁住她的眼睛？」員警問道。在此之前，巧巧已接受過警察詢問了，許倍銘並不知情。

「我沒有性侵她，不知道她為什麼這麼說。」許倍銘答道。

許倍銘自認問心無愧，沒有做錯什麼，何況他說的是實話，沒什麼好怕的。壞就壞在他把日期給弄錯了，誤以為施測時間是九月二十六日上午，事實上卻是在九月九日下午。這讓員警不得不懷疑，如果他沒做壞事，為什麼會把施測日期弄錯？

垂頭喪氣地離開警局時，許倍銘心裡有著太多疑惑，除了巧巧莫明其妙的指控，更對校方早已展開調查大感震驚。他撥打電話問校長、主任及L老師，他們均稱毫無所悉。難道，他們是在裝傻嗎？

第二天一進校門，許倍銘請校長調出施測當天走廊監視器的紀錄，他想，監視器應該會拍到幾個孩子進出資源教室的畫面，這是證明自己無辜的證據。校長說，時間過太久，畫面已經刪掉了。

許倍銘被困住了，可是他不甘心，拚命想方設法證明自己的清白。他詢問荷荷及施測那天跑進跑出的孩子，才發現自己把施測日期給記錯了。他在十月三十日再次接受員警詢問時，急忙澄清施測日期是九月九日上午，並指出借剪刀的黃〇〇、畫黑版的李〇〇及玩電腦的吳〇〇都可以作證。他懇切說道：「我是注重自己名譽的老師，也因為做這個測驗拿了好幾個嘉獎，不可能做出這種事。希望你們查明真相，還我清白！」

可是他又把時間記錯了。「九月九日」這個日期是對了，但施測時間是下午，不是上午。他把巧巧與荷荷的施測時間給弄混了。

十一月四日，許倍銘首次接受性平小組訪談，仍以為巧巧是在九月九日上午做的測驗，並提出黃〇〇、李〇〇及吳〇〇可以作證。他再三強調施測時有把門窗打開，就是怕引起不必要的誤會：

這就是男老師很尷尬的地方啊，因為我做施測的對象是女學生，我自己是要懂得避嫌。那我唯一能夠做的就是把門窗打開啊！那至少證明說如果有人經過的話，他可以看到說我裡面在幹嘛，如果我今天是女老師的話，我就不需要這麼做了。[13]

許倍銘還說，自從被指控性侵，遇到巧巧時，她的態度簡直判若兩人：

大概是禮拜四或禮拜五，確定時間我忘記了。那禮拜五我站導護，站7-11前面，剛好她媽媽騎車載她來上學，我轉過頭看到她，她也看到我，我嚇了一跳，她也嚇到的感覺，她那種反應，我感覺她會怕我。[14]

他知道，巧巧已把他視為惡魔，再也不信任他了。他感慨說道：

我門窗打開不是要讓人自由進出，而是要讓當時經過的人知道我在幹什麼……我很懷疑，一個中度智障的學生，為什麼她有這個能力？我剛做完一個禮拜，她都沒有反應，然後過了一個月，她才反應說一個多月之前老師對我怎麼樣……

許倍銘的質疑不是沒有道理，只是連續兩次記錯時間，足以讓他的證詞變得不可信了。這是個「有罪」的信號，外界已經用有罪的眼光看待他了。

後來，許倍銘總算發現自己記錯了時間。十一月十七日，他再次向性平調查小組進行說明：

甲：許老師，你要求再做第二次調查，你需要再補充說明的告訴我們。

許：首先跟各位委員報告……

甲：不用講客套話，直接說明。

許：喔，那個，那個，那時候是問小朋友，然後是有沒有看到我和巧巧施測……他們跟我講是早上。因為我當時是過了很久，所以當時我是講早上，那事後我再回想，有可能是我把巧巧的施測印象，變成是隔兩天後的荷荷早上的那個施測，對，就是把這兩個的施測印象把它混淆掉了，啊是後來找到這張發票之後，才又去回想，所以才那個找到之後，隔天馬上跟主任報告這樣子，對。

13 見〇〇國小疑似校園妨礙性自主案件調查報告逐字稿，調查時間：二〇〇八年十一月四日。
14 同注13。
15 同注14。

甲：什麼時候跟主任報告？

許：忘記了。

甲：是調查的時候？

許：嗯，是調查之後一、兩天吧，我也忘了。

甲：那發票是什麼時候找到的？

許：就調查完之後，我再回去全部發票重擺，因為我之前沒有做這個動作，嗯，然後就想……

甲：為什麼想到要去找發票？

許：為什麼會想到要去找發票？因為首先我對那個時間點早上或下午，其實我本身沒有那麼肯定，那再來就是我針對小朋友給我，我問她，她說早上，我想應該早上這樣子，對。然後之後就想說因為我那發票幾乎沒有在整理的，所以那時候也沒有想說要去找發票。

甲：那為什麼要想找發票？我是針對這個問題。

許：為什麼？因為我想說我常常買飲料，然後我就想說找找看有沒有那個時間點剛好，是，就找到剛好去買飲料的發票。

甲：從警官找你做筆錄，到我們調查小組調查，都已經過了很長的一段時間，為什麼調查小組調查完之後，你才想要找發票？

許：因為當時我印象中，一直是停留在上午，而我問小朋友，她跟我講說是上午，那時候就比較確認是在上午，所以當時我就認為說沒有那個……

甲：為什麼你會等調查小組調查完之後，才想到去找發票？我的問題是為什麼？既然你都說，相信小朋友，為什麼還要等調查小組結束之後，才要找發票？

許：因為我當時認為沒有必要找，因為我印象中……

甲：對呀，那為什麼調查小組調查結束之後你就想找？你有沒有辦法回答這個問題？

許：我是想要找到對我比較有利的證據，才說想要去找……

……

甲：我奇怪的是，當時是確定的，為什麼本小組做完調查筆錄之後，你就變得不確定？

許：是找到發票之後才不確定。

甲：那為什麼調查小組調查時你確定？

許：我找發票是為了佐證我在那個時間點去買的，然後可是後來我找到的發票，跟我原本所預想的時間點是不一樣的，所以後來我才會覺得怎麼會這樣。[16]

從甲不斷質疑、打斷許倍銘的話，可見甲以為這全是許倍銘的遁詞，是他為了掩飾罪行而撒的謊。

受害者不免講錯或記錯，那麼恐怖的事情發生了，怎麼可能記下所有細節？例如巧巧。但被告卻不同，他們必須記住所有細節，否則就是撒謊。例如許倍銘。

調查小組也詢問了L老師及K老師的意見。她們說，許倍銘是自己到教室接巧巧，不是李〇〇帶她去的，L老師還說，九月十一日接近中午時，她發現做完測驗的荷荷手上沒有飲料，還特地問她：「許老師有予你涼的無？」荷荷非常堅決地表示沒有，而且是「兩手空空的回來，就很快樂地跑回教室說她要上資源班了」。

就算許倍銘記錯施測時間，記錯不是李〇〇帶巧巧去做測驗，記錯自己沒買飲料給荷荷，只代表他的記憶很不牢靠，或是因某種原因說謊，並無法證實他侵犯了巧巧。然而接二連三記憶的錯置，已讓調查人員失去了耐性，也失去了對他的信任。性平小組在報告中如此寫道：

> 行為人在調查過程中，始終矢口否認，顯無真誠悔過之意，且完全忽略師生相處時應有之分際……行為人所提當日上午在場之同學多為資源班學生，非常識程度健全之未成年人，反觀行為人係智能健全又受有高等教育之成年人，於本案發生後竟徒憑上開學生之說詞即相信為真，誠難想像！[17]

事情發生的太快，許倍銘還沒釐清為什麼被懷疑，就已經被釘死了，整起事件開始失控了。他在筆記上無奈寫道：

> 曾經，我是那麼地相信這個體制，只要我努力，我可以在體制內努力得到我所要的。在工作上，我戰戰兢兢不敢有絲毫懈怠，更努力在本分完成之餘力求表現，

16 見○○國小疑似校園妨礙性自主案件第二次調查報告逐字稿，調查時間：二○○八年十一月十七日。

17 見「○○國小校園性侵害或性騷擾事件性別平等教育委員會調查小組調查報告書」，頁十一及十四，二○一○年十二月九日。

我想讓我的努力被看見，我更想要讓我的家人以我為榮。

我相信，我有能力讓這個社會因為我而更美好。

一句莫名其妙的指控將我推落萬丈深淵。當時，天真的我竟還以為只要遵循體制的流程走，很快就可以還我清白，沒想到卻是惡夢的開始。

當我看到代表體制的調查委員早已預設立場。

當我看到代表體制的調查委員竟然自己用毛巾矇眼睛，表演給小朋友看，意圖讓小朋友配合演出。

當我看到代表體制的調查委員竟然一再地用「是不是」的問題來問小朋友，並只片面擷取他們想要的答案而忽視小朋友的其他反應。

當我看到代表體制的調查委員竟然連一個我所提出的證人都沒問過。

當我看到周圍的大人竟然一人一小部分湊出了整個所謂的「案發經過」，然後再用上述手法讓小朋友配合演出。

當我看到代表體制的調查委員甚至連小朋友都沒見過，就斷言小朋友沒有混淆，確實有被性侵。一切的一切，讓我對這體制的信任完全崩解。

這都還只是有錄影的片段，或是有訴諸文字的會議紀錄。我不敢想像為了得到他們預設立場的答案，在沒有錄影或是私底下，他們做過哪些更過分的行為。過去那麼長時間的兢兢業業，卻得不到一絲信任，他們寧可相信一個東拼西湊的指控，甚至還幫忙加油添醋，完全不在意毀掉一個恪守本分、循規蹈矩的人。

明明就沒做的事情，為何會被汙衊成這樣？

我想起卡夫卡的小說《審判》：約瑟夫．K在三十歲那日清晨被兩名警察逮捕，罪名不詳。法庭上，法官搞錯了K的身分，K立即提出抗議，法官卻置若罔聞，就算K不斷找人想證明自己的清白，仍然無濟於事。他拚命想弄清楚自己犯了什麼罪，只能絕望地目睹冰冷的司法機器狠狠地往他的命運碾壓。

因為**他的罪行在於他的存在。身為K這件事，即是有罪。**

從此，K光潔透明、秩序井然的世界，一夕之間驟然傾斜。

許倍銘也是如此。

三、法庭攻防

誤判

經過兩個月的偵查，二〇〇八年十二月八日，高雄縣警局以「妨礙性自主」嫌疑，將許倍銘案移送地檢署進行偵辦，理由是：「嫌疑人竟基於被害人年幼無知，智能障礙不足不知抗拒，以毛巾綁住被害人眼睛，將性器放入被害人口腔中，性交得逞。」

這下子許倍銘也慌了，明明沒有做的事要進法院審理了，怎麼辦？他連忙請人介紹找了律師，對方大致瞭解了案情，信心滿滿地說：「什麼證據都沒有，你又沒有做，不用擔心啦！」

既然律師都這麼說了，許倍銘才稍微放下動盪不安的心。他相信，司法是公正的，終將還給他應有的清白。

然而一份醫院出具的精神鑑定報告，徹底扭轉了他的命運。

許多性侵受害者會產生嚴重的情緒障礙，包括麻木、失眠、慌亂、哭泣、噁心嘔吐、思考失序等，這個症狀叫創傷後壓力症候群（PTSD）。雖說不是每個被害人都有創傷後壓力症候群，但檢調有時會借重這項鑑定來判斷受害者是否遭到性侵。[1]

許案進入司法程序後，高雄地檢署委由高雄長庚醫院兒童心智科進行鑑定，想知道巧巧是否有創傷後壓力症候群。負責鑑定的該院J醫師在報告中，記錄巧巧說了下列話語：

- 爸爸和老師也要手牽手
- 哥哥和BABY一起洗澡
- 姊姊和爸爸一起洗澡
- 老師也在家洗澡
- 大家吃飯前都要洗澡

- 老師和爸爸一起去上班
- 老師去玩溜滑梯
- 明天為什麼不用上課？因為今天放假

爸爸和老師手牽手？姊姊和爸爸一起洗澡（巧巧是獨生女）？老師在家洗澡？從這些不符事實的陳述來看，顯見巧巧的認知能力大有問題。事實上，J醫師也認為巧巧「表達組織較弱，邏輯思考較不佳，內容有時不合邏輯」、「因理解不佳而出現答非所問的情形，即使在遊戲中也會如此」、「有時會講出一些大人教她的話，例如『許倍銘老師做錯事情』」，最後的鑑定結果是：**巧巧沒有創傷後壓力症候群**。

照理說，這樣的結果對許倍銘十分有利。沒想到，J醫師在報告中逕自加了一段話：

> 甲女雖然經驗性侵事件，但受限於甲女認知能力，而且加害人進行性侵時並未

1 有不少性侵受害者事後會有創傷後壓力症候群，但這不表示有創傷後壓力症候群就一定是遭到性侵。關於這點可見第六章「救援的深水區」一節，頁一八八。

有過度激烈或脅迫之行為，因此甲女無法理解此事件之侵犯本質及代表之意義，故未顯現出創傷後之相關反應；只是加害人利用身心障礙者之能力弱勢，無戒心，不知防衛及其職務之便侵犯案童，其心可議，其行不可恕。

根據《精神疾病診斷與統計手冊》中關於創傷後壓力症候群的診斷，並沒有指導、或定義該如何判斷是否存在任何重大創傷事件，也就是說，醫師只能診斷個案是否有創傷後壓力症候群，而無法判斷壓力來源是什麼。既然如此，J醫師如何得到巧巧「經驗性侵事件」的結論？根據是什麼？[2]她為何逾越接受委託的專業範圍，自行驟下結論，認定犯罪事實？

我們從巧巧每次的陳述可以看出，她不只邏輯思考不佳、答非所問，也有想像與現實分不清的問題。但L老師與K老師在接受地檢署詢問時表示，巧巧說的都是親身經驗，沒有編造故事的本事。檢察官去函高雄長庚醫院，想確認巧巧是否有這個問題，院方如此回覆：

把小鳥放入口中並非一般兒童會有的想像，當兒童表現出此內容時，要高度懷疑其有過性相關之接觸，因此以被害人局限之心智能力，若非有過相關經驗，應該無法想像出「老師把小鳥放入我口中」之狀況。

如果巧巧說出違悖現實的話，並不是分不清現實與想像，又可能是什麼原因呢？心理學家羅芙托斯認為，有時兒童就算沒有看到熊，也會說自己看到了，對此她有兩個解釋：一是兒童的原始記憶消褪了，而且要讓兒童想像自己看到熊並不太困難，只要稍微暗示一下，熊就會成為他們記憶的一部分；一是兒童不是真的以為看到熊，而是在**附和問問題的人，認為自己「應該要」看到熊，因為他們認為只要說看到熊，就算是「答對」了**。[3]

究竟巧巧是混淆了想像與現實？或者只是附和大人的話？外人難以判斷，但即使

---

2 臺中教育大學特教系主任王欣宜撰寫的〈特殊證人陳述之鑑定意見書〉指出：「高雄長庚紀念醫院鑑定報告僅九十八年三月三十一日進行一次，內容也未說明如何針對黃生語文理解與語文智商之障礙部分進行適當協助以釐清性侵事件，僅呈現各項度之結論，各項結論之間又未見一致性，如第七項思考功能提到：『有時會講出一些應該是先前大人教導的話』與『黃員僅在詢問、引導下，表示當時會怕老師脫他褲子』就彼此矛盾。關於醫院鑑定性侵事件呈現之結果到底是否為黃生個人真正意見，以特殊教育觀點而言難以確認，因為這與特殊教育中以多樣輔具或教具以協助智能障礙學生表達自己意志之方式不同。」

3 《辯方證人》，頁一九三，伊莉莎白．羅芙托斯、凱撒琳．柯茜著，浩平譯，商周出版，二〇〇五。

她的描述違反常理，大人們仍相信她的說法。如一審法官便認為「於遊戲中呈現有不合邏輯現實之情形，亦不足以證明甲女有虛構情節之能力」，二審法官則表示「她知道這是遊戲」。

許倍銘的律師不服，以鑑定報告過於武斷，要求找其他醫學中心出具第二份鑑定報告，檢方以「真相可以法庭上面呈現，均無必要」、「應以一份鑑定報告為基礎，不要浪費司法資源」為由，強力反對。

二〇〇九年十二月十一日，高雄地檢署檢察官起訴許倍銘。半個月之後，許倍銘被學校解聘。

眼見情況愈來愈不利，許倍銘改聘高雄頗富盛名的金石國際律師事務所負責，希望能奮力一搏，扳回一城。

這場延續經年的司法攻防戰，辯方律師與檢察官你來我往，一攻一守，理論上是發掘真相的好夥伴，實務上卻像是相生相剋的死對頭。律師要求巧巧送其他醫院進行精神鑑定，檢察官認為若有兩份鑑定報告「將徒增判斷困擾」，沒有必要。律師要求勘驗案發現場，檢察官認為事隔多年，沒有必要。律師要求當場勘驗警詢光碟，檢察官認為沒有必要。律師要求學校提供性平調查完整影音檔，檢察官認為性平調查與案件無關，檢察官也未引為證據，沒有聲請必要。

性平調查的結果與案件真的無關嗎？當然不是。按照性平法第三十五條第二項「法院對於前項事實之認定，應審酌各級性別平等教育委員會之調查報告」，而且從一審、二審、三審的判決來看，許多內容均與性平調查報告如出一轍，就連用字遣詞都一字不改，顯見法院確實是將調查報告列為重要參考依據。只是這份調查報告的可信度有多高？是否有人認真檢視？正如陳慧女教授所言：

若性平調查報告做出的結論為「評無實有」及「評有實無」之誤判，則當法院應審酌時，是否會對報告的結果存有先入為主的觀念？若法院審酌時並未進一步審查報告確實性，全盤採納性平調查報告，則失去檢核的功能，造成錯誤結果……若案件之兒童並未受到傷害，而是虛報或誤判，但法院又未進一步檢核該報告而全盤採納為證據的話，則無異造成憾事。[4]

4〈性侵害事件之事實認定應審酌校園性別平等事件調查報告：從案例檢視《性別平等教育法》第三十五條之規定〉，陳慧女，《全國律師》二〇一八年四月號，頁十八。

大家都想知道發生了什麼事，但一切已經太過遙遠，證人的記憶已漸漸模糊了。辯方律師問媽媽，是誰建議拿畢業紀念冊給巧巧指認？媽媽說，忘記了。問她警詢時巧巧指認的是不是畢業紀念冊？媽媽說，忘記了。問她當初是怎麼問出性侵經過的？她說，忘記了，太久無法回答。

K老師也有同樣情形。辯方律師問她，巧巧指認時她是否在場？她說，記不起來了。問她當時是否只有她跟L老師在？她說，忘記了。問她巧巧口中的老師是誰？她說，事情過太久了，忘記了。律師繼續問她，為什麼沒有懷疑加害人是別人，例如巧巧的家人？她說，事發到現在太久了，已經忘記當時情形，沒有辦法回答。

巧巧的反應依舊是前言不搭後語。審判長問她幾歲？她說不知道。檢察官問她有沒有看到整個性侵過程？她說沒有。問她為什麼跟爸爸說那句話？她說沒有。問她有沒有看過畢業紀念冊？她說沒有。辯方律師問她有沒有姊妹？她說有，律師繼續問她姊姊是誰，她說「姊姊是我而已」。

只有L老師的回答始終篤定。辯方律師問她如何確認巧巧接觸過的男老師只有許倍銘？她肯定答道，巧巧不認識幾個人，接觸過的只有許倍銘。律師質疑她重複詢問造成誘導，她解釋是巧巧無法說清來龍去脈，她只得想辦法。她坦承自己不是調查委員，沒有專業能力，但「我是很謹慎的，不敢隨便誣賴別人！」

審判庭上，代表許倍銘的三位律師林石猛、李慶隆、李衣婷輪番上陣，逐一指出巧巧證述有太多矛盾，媽媽與兩位老師又不是目擊證人，她們所說的只是耳聞，是傳聞證據[5]，無法做為有罪的積極證據；且醫院精神鑑定沒有證據能力，譯文又顯示巧巧被誘導，整起案子疑點重重。

李慶隆律師從犯罪學角度指出，任何案件都需要犯案動機，而他們找不出許倍銘犯罪的動機。何況沒有證據證明他性侵了巧巧，就連巧巧口中綁住眼睛的「毛巾」也無法做為物證，不是很奇怪嗎？但檢察官說，巧巧的證詞之所以可信，在於「她沒有說謊的能力」，既然「智障的人不會說謊」，那麼她的供詞，就一定是真的。

巧巧說出違悖常情的說詞，未必是故意說謊。她可能是為了取悅大人而說謊，也可能是被教唆而說謊，也可能是以為在玩遊戲，怎麼是一句「智障的人不會說謊」解釋得了？

李慶隆律師提出一個很值得思索的觀點：

5「傳聞證據」是指被告以外的人在審判外的言詞或書面陳述。以許案來說，媽媽與老師的陳述都是巧巧告訴他們的，應被視為傳聞證據。

這個小孩講「親親」兩個字，在庭的各位我們都會抱小孩，不管是誰抱小孩，都很容易講說跟奶奶親親，爸爸親親，他就會嘴巴嘟過來親一下，這叫作親親，怎麼會變成性侵害？怎麼會變成如本案的吹喇叭？……小朋友的祖父是開神壇的，出入分子蠻複雜的，這無法排除小朋友有看過這個畫面才會講出來。本案疑點重重，是一件無中生有的悲劇！

或許巧巧沒有被性侵，只是無意從周遭（電視？A片？）看到了口交畫面，隨口說說罷了，為何大人如此篤定？就算巧巧真的被性侵了，憑著大人拼湊出來的證詞，以及媽媽、L老師及K老師的揣測，如何證實加害人是許倍銘，而不是別人？

從始至終，警詢筆錄與性平調查報告一直是許案的最高辦案指導原則，不只是檢察官不疑有他，就連法官也是如此。最後，法院採信巧巧的指控，二〇一一年八月十八日，高雄地方法院九十八年訴字一七一一號第一審判決終結，許倍銘以「乘機性交罪」被判刑，判決文是這麼說的：

人類之記憶，常隨著時間之過去而逐漸磨損，記憶之線索常會改變，自難期證人能將過去事物之原貌完整呈現，故證人之陳述有部分前後不符，或相互間有所歧異時，究竟何者為可採，法院應仍本其自由心證，依據經驗法則及論理法則，參酌其他補強證據予以判斷……非謂一有不符或矛盾，即認其全部均為不可採信……更遑論甲女乃中度智能障礙之人……

事實只有一個，沒有兩個。既然如此，為什麼法官能接受證人前後不符的陳述？唯一的解釋，就是法官認為巧巧是智障兒童，而智障兒童的說詞本來就反反覆覆。**但證人的供詞只可能是真的，或是假的，沒有其他選項，法官如何判斷巧巧矛盾的說詞何者是真？何者是假？司法追求真相，怎麼可以因證人差異而有兩套標準？**

真相最大的敵人未必是謊言，而是信仰。在重重偵訊與司法過程中，司法人員一旦**相信**許倍銘是犯人，他就再也難以翻身了。

許倍銘不服氣。他上訴，被駁回。他再上訴，又被駁回。他繼續上訴，這次最高法院竟撤銷原判決，發回臺灣高等法院高雄分院，原因是：

被害人……陳述被害之細節於警詢及第一審所述，復有部分不符……另所援用

> 之證人媽媽等供詞，則均屬其等轉述甲女陳述之傳聞供述，係與甲女之證詞具有同一性之累積證據，並不具補強證據之適格……原審未進一步詳予調查，為必要之論斷與說明，詎採為論處上訴人罪刑之基礎，難謂無調查職責未盡及判決理由欠備之情形……

天可憐見，事情總算露出了一線曙光！無奈，曙光終究是短暫的。再次回到審判庭，法官依舊認定許倍銘是犯人，就算辯方再怎麼抗辯，都沒有用。這讓許倍銘在法庭上絕望喊道：

> 我真的沒有做，我因為本案已經家破人亡了，就像我剛才說的，若我真的有做，我就認罪了，我一定非常自責，但是不是，我現在非常生氣，因為一件沒有做的事情，被拖到家破人亡，我覺得非常生氣……今天只因一個小孩隨便一句話，周圍的大人在那邊幫她編故事，這些大人搞不清楚狀況，連一個智障小孩的話都搞不清楚，然後去誣陷我，把我害到家破人亡，我真的沒有做，懇請法官判我無罪！[6]

信與不信，只在一念之間。法院決定相信巧巧的說法。

二〇一三年十月九日，最高法院以一〇二臺上字第四〇七四號判決駁回，全案宣告定讞。

許倍銘光明潔淨的人生，再也回不去了。

俠女律師

大家都說許倍銘很衰，什麼倒楣事都給他遇上了，唯有碰到李衣婷這樣的律師，算他走運。

一般案件三審定讞，律師除了結案了事，別無他法。這些年來，已有多名律師經手許案，沒有人像李衣婷這樣願意四處奔波，想方設法替他平反。是什麼樣的力量與信念，讓她保持如此高昂的鬥志？

「我一直是很有鬥志的人啊！當我下定決心救這個人，我的鬥志比任何人都強！不

6 二〇一三年六月二十五日許倍銘在審判庭的發言。

過通常法官不太欣賞我這種很難纏的律師啦，還會私下打電話給我以前的老闆（金石國際律師事務所所長林石猛）說，叫你們李律師不要再調查什麼證據了，可是我老闆說，那是李律師接的案子，我沒辦法管她。接性侵的案子，就算當事人犯了罪，我還是想更確定一些東西，或許法官覺得不必那麼努力為『那種人』辯護，可是我覺得那是兩碼子事，法庭應該給每個人同樣的保障，怎麼可以有差別待遇？」

她飛快地動著嘴唇，義正辭言地說著，讓留著一頭俐落短髮的她看起來很有俠女的味道。

許多人都跟我說，許案若是沒有衣婷的話，早就無人聞問了。是啊，一起發生在南部偏鄉小學的性侵案，當事人都是名不見經傳的小人物，況且又沒有人死，誰會在意？

但是衣婷在意，而且在意的不得了。她寫過一段文字道盡內心的無奈與感慨：

冤案救援，對我而言，是沉重、殘酷、需要不斷地在心中植入希望以持續發動「改革」的議題。每個案件都有他或她的故事，有時候甚至是一個家庭的故事，沒有審慎處理好，甚至會變成當事人生命中的悲劇。身為律師，除了傾聽、詳讀卷

證之外，唯一能做的就是伸出援手協助他們，希望能有朝一日掙脫被冤枉的枷鎖……[7]

協助當事人掙脫被冤枉的枷鎖，說起來很簡單，做起來談何容易？

第一次見到衣婷是在平冤會舉辦的研討會上。休息時我上前自我介紹，說明我打算以許案做為書寫題材，想請教她的意見。她先是怔愣了半晌，繼而整個臉龐散發出興奮的紅光：

「天啊！這是真的嗎？我以前上課的時候跟學生說，說不定將來會有人把這一切寫成一本書，其實我講的時候是很想哭的，沒想到真的有人要把這件案子寫成書耶！哇塞，真的有人要寫，好不可思議！好啊好啊，看你要下來高雄，或是我上來臺北都可以，反正現在高鐵很方便，你什麼時間方便，我都可以配合！」

她迫不及待地說起許案的荒謬與無奈，坦率真誠的個性一覽無疑。隔了一陣子，我南下至她甫開張的個人律師事務所造訪，聊了一會，我忍不住小小抱怨說，法院的

7〈失敗的啟發——談救援冤案〉，李衣婷，《全國律師》二〇一七年六月號，頁十三。

判決好難看，簡直不像中文！她有點意外，說，對你來說，真的那麼不容易讀喔？我說，是啊，這些判決不只很難理解，還很像中文程度很差的人寫的作文。她忍不住笑出聲來，說，法官一定覺得是你們外人不懂得欣賞啦！說罷，我們同時放聲大笑，讓原本凝重的氣氛輕鬆了一點。

「你是那種很容易讓人信任、可以讓人掏心掏肺的人喔？」雖然只見過幾次，從衣婷的談話與彼此互動，我已認定她是值得信賴的朋友了。

她聽了微笑說道：「真的乎？我覺得這跟出身背景有關啦。我從小家境不好，不過這樣一路走來，老天爺讓我看見人性好的一面，要比不好的那面更多，所以我一直相信，人只要願意改變，可以讓自己未來的路更好！」

她是那種窮人家出身，打拚著也要替自己與家人爭一口氣的人。她用功苦讀考上高雄大學法律系，透過社會局轉介得到某佛寺的獎助學金，這樣的恩情，她一直感念在心。大三那年，佛寺邀她擔任兒童佛學營小老師，她自是義不容辭地答應了，而從小生長在佛化家庭、與該佛寺淵源極深的許倍銘與妹妹阿婷因此認識了衣婷，對年紀輕輕卻嫻熟法令的她留下深刻的印象。

「後來再見到許老師，就是他來我們事務所了。他看到我嚇一跳，說，怎麼是你？

說他跟阿婷在佛學營見過我。我第一個反應是，天啊，怎麼會這樣？那是我第一次接性侵案，再加上跟佛寺的淵緣，研究案子時會有種熟悉的感覺，也就更想幫忙了。」

起初讓衣婷感到疑惑的，是巧巧反反覆覆、說法不一的證詞。為什麼她一會兒這麼說，一會兒那麼說？為什麼在尚未釐清事實之前，媽媽就認定是老師所為，L老師就急著要巧巧直接從紀念冊指認？一切在如此混沌的狀態之下，一起性侵案竟然就成形了。

「檢警是等到案發時間、地點、加害者、被害人都有了才衍生調查程序，我們如何期待法院審理過程不受這些事的影響？」衣婷輕輕搖頭，「所以我們一開始接觸這個案子，就知道許倍銘是比較吃虧、是弱勢的，等於是被告的立場比被害人還弱，不像一般想像的……至少我從卷宗裡看到的是，他從一開始就是處於挨打的狀態！」

通常律師不必相信當事人無罪，辯護是他們的職責，無關個人價值。但衣婷對許案投入的程度早已超出她的職責，原因無他，因為她是真心相信許倍銘的清白。

「你是什麼時候確認許老師是無辜的？」我問她。

「應該是看了警詢光碟以後，就覺得非常離譜了啦。警察、社工、媽媽怎麼可以在那邊拚命敘述個人主觀意見？這當然會影響小孩子的證詞啊！而且你看她（巧巧）的態度，我覺得她根本就聽不懂大人在問什麼，只是順著他們的意思回答，所以我一直很懷疑L老師是用什麼方法，可以讓小孩子說出被性侵的事！」

衣婷與其他辯方律師再三要求重驗警詢調查光碟及勘驗現場，如此才能解釋為什麼大人這麼問？為什麼小孩這麼說？為什麼筆錄這麼寫？但這樣的要求總是一再被駁回，二審法官甚至說，只要傳喚做筆錄的員警來，交待一下當時是怎麼問的，不就好了嗎？

「後來法官有傳那個婦幼隊的女警來，問她有沒有辦過類似案件，她說，有啊。法官問她，女童陳述時有沒有異常？她說沒有。法官又問她，那你是怎麼問的？她說是按照規定問……這根本就是緣木求魚嘛！」她聲線忍不住上揚起來。

當流言耳語充斥，集體情緒凌駕一切，真相常被每個人的預設立場、刻板印象所遮蔽，被每個人的成見、意氣與憤怒矇住了雙眼。尤其看了學校性平小組調查的光碟，更是讓衣婷為之氣結。在她看來，這根本就是一場「先射箭，再畫靶」、再怎麼抗辯也難以反駁的調查。

「你知道那個調查成員有多誇張嗎？他們直接把毛巾綁在自己眼睛上，然後問小孩說，許老師是不是這樣綁住你眼睛？他們怎麼可以這樣？他們應該是中立的調查人，怎麼可以把自己融入那個情境？這不就是在教巧巧該怎麼說嗎？他們從頭到尾都是用『遊戲』進行詢問，巧巧瞭解『回答』的意義嗎？她覺得自己是在玩躲貓貓？還是在描述性侵過程？我根本懷疑她知道自己在說什麼！」

智障者的認知跟表達能力本來就異於常人，他們的陳述是否能等同於一般（成）人？如果法院必須依賴智障兒童的證詞才能定罪，應該如何操作這樣的證據法則才不致造成冤案？

「我們要求根據《刑事訴訟法》的規定，必須證明被告的確做了這件事，才能肯定被告有罪，檢察官卻說，被害人是智障，小孩子，證據法則應該更為寬鬆。這點讓我覺得很諷刺。**難道只要被害人是弱勢，證據法則就得轉彎嗎？那被告又算什麼？如果人權保障是法律設置的最大目的，就不該因為被害人不同，而有不同的刑事政策與遊戲規則，這樣才能確保每個人都不會被冤判啊**！但很顯然，事實就不是這樣。」如今想來，衣婷仍對這樣的說法難以接受。

她提起某次開庭時，法官問巧巧：「老師綁住你眼睛的毛巾有多長？」巧巧猶豫了一會兒，用手比出毛巾大致長度，法警測量她雙手打開的距離，再測量她的頭圍，發現若是照她描述的毛巾長度，根本綁不住她的頭。[8]沒想到法官在判決書中寫道：「被害人的認知能力與智能不足，就算比不出毛巾的正確長度，亦屬正常。」

「如果你當庭看到那個場面，會覺得說，哇！這點非常有利，因為小孩子根本就是隨便亂比亂講的啊，可是……唉，沒辦法！」

「你覺得法官有沒有看過警詢或性平調查光碟？」我問她。

「我們無從得知他們有沒有看……」她思索了一會，像是在尋找如何使用適合的字眼，「我想，是心態決定了一切吧！」

衣婷委婉的回答，解釋了我長久以來的困惑。我想，或許法官並沒有仔細勘驗光碟，也沒有認真翻閱譯文，既然筆錄上說巧巧指認了許倍銘，那就是真的。至於巧巧前言不搭後語，或者被大人暗示的情況，法官未必知情，反正筆錄沒寫，他們也未追究。

執法人員日復一日聽著可怕的犯罪情節，多少會鐵了心，對被告毫不留情。若是一味想替受害者主持公道，忽略了仔細查驗相關證據，不但無法保護任何人，反而會將受傷的、甚至原本無辜的人往更深、更冷的角落裡壓擠。

「我記得許老師說過，是不是因為他是男的，才導致了這場災難？如果施測老師是女的，是不是一切就不會發生？他在法庭上講這段話的時候是哽咽的、幾乎快哭出來，他真的很努力想說明這一切，以及這一切加諸在他身上的不名譽，可是不管他做任何反駁，好像沒有人把他的話當一回事！」

這起纏訟經年的官司，不僅讓許倍銘丟了教職，失了名譽，也讓全家人陷入無盡的折磨，而這樣的折磨沒有出路。畢竟「性侵」是太不名譽、太難以啟齒的罪行了，就算家人相信他是無辜的，也根本說不出口。

日後許媽媽心肌梗塞驟逝的消息，更讓衣婷心情跌到了谷底。她想不透，許媽媽才五十幾歲，平常身體也不錯，怎麼說走就走？許倍銘的妹妹阿婷說，媽媽看起來很堅強，私底下煩惱地不得了，每天晚上抱著卷宗入睡，拚命想找出兒子冤枉的證據。只是案情一拖再拖，看來平反無望，她心裡的苦無人能說，長期累積的鬱悶，讓身體再也承受不住了。

「以前許媽媽每次看到我都說，律師，你們訴狀寫得好好，你們幫倍銘寫得好清楚，好明白，是按怎法官攏看無？」她不禁輕嘆：「我很能夠瞭解，他們真的是很無助！」最糟的還不止如此，前面還有更糟的等待著他們。三審定讞有罪，許家人全慌了

8 當時巧巧用手比出的毛巾大約是三十五公分乘四十五公分，即使是斜對角長度都沒有巧巧的頭圍（四十九公分）長，根本綁不住她的頭。

手腳，急著找人求助，每個人都說，判決逆轉的可能不高，勸他們死心，算了吧。

衣婷知道，如果連她也放棄的話，許倍銘肯定是無路可走了。她想，就算三審定讞了，還可以提再審、非常上訴，可以找到新證據或新事實……如果再嘗試一下，再多做一點什麼，或許就可以翻轉結果。

一群人奮鬥了這麼久，卻好像什麼也沒有改變，怎麼可能甘心？

某個下班後的夜晚，她剛洗完澡躺在床上，累到眼睛都快張不開，怎麼樣也睡不著，腦子裡轉呀轉的，拚命想著還能做點什麼，讓外界瞭解這件事有多離譜。

「如果回高雄大學演講或是授課，分享這件案子的訴訟經過，會不會有用？」

這個突如其來的想法，讓她決定回母校高大尋求支持，幸運地得到法學院長廖義銘的認同，請她先試教三週。她從兒童證詞、調查程序、精神鑑定等角度解析許案，吸引了三、四十名學生前來聆聽，讓她大感震奮。後來這堂課發展成兩學分的冤案救援課程，衣婷除了親自授課，同時找來專攻性侵與兒虐創傷的陳慧女教授、臺灣精神醫學會理事長周煌智教授分享實務經驗，包括如何使用偵訊娃娃、智障兒童詢問技巧、性侵案早期鑑定等。學生們從修課時的好奇，發展為對許倍銘的同情，進而加入救援許倍銘的行列，這一切，都是她始料未及的。

她與司改會等團體邀集高大法學院、高大法律服務社共同舉辦「性侵害案件早期鑑定及對智能障礙兒童之詢問技巧」研討會，邀請陳慧女、周煌智、趙儀珊、張麗卿、黃致豪及林石猛（衣婷笑說：「他是這場研討會的『贊助商』，當然要找他來啊……不過他對這案子也熟啦！」）擔任報告人及與談人，不論就議題或人選均堪稱是南部盛事，吸引了不少專業人士前來聆聽，就連當年詢問巧巧的女警也來了。

「我在報名單上看到她名字的時候，真的嚇了一跳！不過那天我們沒有提到許倍銘的名字，舉辦研討會是想喚起大家對問題的重視，不只是要救許老師而已。」

學生的反饋及研討會的成功，讓衣婷有了更大的信心，與野心。她決定遊說司改會替許倍銘平反。司改會初步審查評估後，認為「若要給予有效的救援，必須能夠用甲女不一致的描述部分，推翻甲女指證被告之證詞。從目前的實務見解來看，似不容易」。

衣婷的心都涼了。**為什麼一件破綻百出的案子，翻案竟會如此困難**？她該如何繼續為許倍銘的清白而戰，幫助他結束這場驚惶失措的夢魘？

「許倍銘的案子，我們一看就知道是冤枉的，但這種冤枉是沒有辦法平反的。」蕭逸民一針見血的觀點，頓時讓我啞口無言。

許家親友與衣婷四處求援之際，司法改革基金會（簡稱司改會）是他們求助的對象之一，蕭逸民則是他們最早接觸司改會的人。逸民大致瞭解了案情，很快認定這是「沒有辦法平反的冤案類型」，為什麼？

「你沒有做，但是法官判你有罪，因此法官認定有罪的理由是什麼，就是我們優先審查的重點。譬如法官判定有罪的理由是現場的DNA，那麼檢驗DNA鑑定的正確性可以判斷是不是冤案，這就是法律規定法官判決要附理由的原因。有理由的判決才能被推翻，就像能夠被檢驗的才是科學，不能被檢驗的不是科學，這是基本邏輯。可是有一種案子類型很難平反，就是法官判斷有罪的理由完全依賴單一證人的陳述，沒有其他補強證據，例如性侵案。性侵案是最常出現這種狀況：兩個人在密閉空間做什麼，外面沒人知道，事後女的說她被性侵，男的說他沒有，你要選擇相信誰？如果法官選擇相信被害人，基本上案子就沒辦法平反了。許案的結構就是這樣，如果法官相信小女孩的話，她又是智障，就算她十年以後說自己當年說謊，也沒人會相信了。」

他沒有停頓，一口氣說了一串，字字珠璣，邏輯清晰。但這樣的說法，真讓人洩氣。

過去逸民在人本教育基金會服務時，經手過多起師對生性侵案。他擅於冷靜分析事理、提供因應策略，讓幾起案子都順利打贏國家賠償。[9]根據他的經驗，兒童性侵案有兩個特徵，一是極為罕見，戀童癖是特殊性癖好，這樣的人是少數；一是重複犯案，加害人難以控制犯罪衝動，不會只做一次，而是會重複犯案。許倍銘教書那麼多年，案件又歷經公開審判，如果有其他被害人的話，早就集體站出來指控了。再者，狼師一向善於製造犯案地點，許倍銘是被指派施測，對象不只巧巧一人，施測地點又是在開放空間，光憑這幾點，說他性侵的可能性就很低了。

既然如此，為何司法體系仍做出有罪判決？逸民低頭想了一會，用一貫冷靜的口吻說道：

「我應該這樣說吧，『真實』是不需要理由的，它發生就發生了，會留下證據，但未必讓人覺得得合情合理。但『虛構』就不一樣，因為沒有證據，必須合情合理才能

9 拙作《沉默》及《沉默的島嶼》描述的五起性侵案最後均聲請國賠成功，逸民的法學專業及策略運用令人印象深刻。關於他在這些案件扮演的角色，可參考這兩本書。

取信於人，因此，可以透過分析敘事的推理與邏輯，解構故事背後的虛假。以許案來說，筆錄的說法都是加疊的，任何說法碰到阻礙，證人說法就開始轉彎——發現沒有精液，就改成是口交，所以沒有精液；發現小孩沒辦法描述許老師做了什麼，就加了小孩眼睛被矇住的情節，每一次指控許老師的說法被質疑，就出現一種新的解釋，直到所有質疑都能被解釋，除非法官擅長解構故事，否則就會被虛構蒙蔽，認定許倍銘有罪！」

這樣的說法，或許也解釋了司改會最初評估無法協助的原因：他們待處理的案子那麼多，以既有的人力物力及業務範圍（立法研究、監督評鑑、教育推廣、個案追蹤），不是挑最冤枉的案主提供協助，而是選擇最有可能平反的案子進行救援，而許案顯然是場沒有把握的硬仗。但經過李衣婷的遊說及會內多次討論，明知機會渺茫，司改會仍決定姑且一試。

逸民花了很多功夫瞭解許倍銘的家世背景與生活作息。在他眼中，許倍銘是個單純、平凡、沒什麼企圖心的老師。他從小浸淫在濃厚的宗教環境裡，深信人生必須行善積德，也努力身體力行，這樣一個乾淨清白的人被貼上「性侵」的標籤，對全家造成的打擊可想而知。佛教講果報業障，許家人不斷反省是否哪裡做不好？哪裡造了業？

否則為何會發生這種事？

「有一次開庭，法庭裡坐滿了佛寺信眾。許倍銘是他們從小看到大的小孩，經常在廟裡幫忙，一直是個乖孩子，從來沒有叛逆過，說他性侵學生，沒有人相信！」逸民如此慨嘆。

如果許倍銘是如此單純、和善的好人，為什麼出事以後，學校卻沒人出面挺他？「最大的關鍵是L老師認定小孩接觸過的只有許倍銘，所以就是他了，後來整個調查的前提又是『查出誰性侵小孩』，結果就變成真的有一件性侵案。這樣的消息傳出去以後，許倍銘已經被妖魔化了，你想，誰還敢出面替他辯護？」

逸民犀利的觀點，讓原已不抱希望的許倍銘更加絕望。「被冤枉的人都會說，他們活不下去了，不知道怎麼辦，希望情況馬上就能改變。我跟許倍銘說，臺灣冤案很多，平反的很少，能夠平反的有個共同點，就是要活得久，所以你一定要把自己照顧好，要有長期抗戰的準備！」這樣的話乍聽殘忍，卻句句屬實。

逸民猶記得衣婷初到司改會時的挫折。她不明白，是不是她哪裡做得不夠好？否則為什麼輸的那麼慘？逸民告訴她，你做得非常好，一百分。衣婷問他，如果已經做到一百分了，為什麼結果還是如此？逸民告訴她，這是體制的問題，不是你的問題。

「照理說，案子都已經三審定讞，李衣婷已經跟許案沒什麼關係了，但對她而言，許案已經內化成她生命的一部分。成功平反的案件需要很多條件，其中之一，就是要有把案子當成自己案子的律師，否則做不起來。就這點來說，許案有李衣婷這樣的律師，是很有利的。」

正如逸民最早的研判，許案是難度極高的案件，司改會盡了一切努力，救援行動仍沒有太大進展。衣婷不死心，決定再找冤獄平反協會（平冤會）碰碰運氣。

平冤會經手的案子恪遵邏輯分析，講求科學證據，許案既沒有DNA，也沒有驗傷，並不太符合他們的接案原則。另外，司改會與平冤會之間有個不成文的分工默契，平冤會負責有科學證據的案件，既然許案已有司改會協助，除非有新的科學證據出現，否則平冤會就算接獲許家的陳情也難以協助。直到中正大學陳慧女教授向衣婷推薦，或可找臺大心理系趙儀珊教授尋求協助，整個案情方才有了突破。

「後來趙儀珊出了巧巧證詞的鑑定報告[10]，我們覺得可以提再審程序，而且衣婷律師的說明有打動羅律師（羅秉成，時任平冤會理事長），羅律師覺得法院沒有勘驗現場很離譜，加上那時再審法又修法，法條放寬了許多[11]，我們才決定跟司改會共同救援。」平冤會執行長羅士翔如此回憶。

平冤會是專業救援團體，提出再審狀的經驗十分豐富，陳龍綺[12]、鄭性澤[13]的案子都是成功案例，從此許案訴訟便由平冤會主導，司改會協助，兩邊分進合擊。只是許案平反的進展依舊牛步化，讓每個人都累了，倦了，只有衣婷依舊鬥志昂揚。

案子發生以來，法院從未勘驗現場，而性平調查報告又指許倍銘一點二十分帶走巧巧，三點十五分把她送回教室，推測兩人「應有至少三十分鐘的獨處，而非測驗時間」，暗指他有充分時間犯案。這點讓衣婷很不服氣（正如逸民的名言：「在他們眼裡，只要有一秒鐘就夠了。」），她憑著許倍銘九月九日下午十五點零四分買飲料給巧巧的發票，與高大學生重返〇〇國小模擬當天許倍銘的動線，全程用攝影機記錄下來，推

---

10 有關趙儀珊的鑑定報告，請見第四章，頁一一九。

11《刑事訴訟法》第四二〇條第一項第六款在二〇一五年二月四日修正，規定「新事實」或「新證據」是指判決確定前已存在或成立而未及調查斟酌，以及判決確定後始存在或成立之事實與證據。

12 二〇〇九年陳龍綺被控性侵，證人也說他不在場，但法院根據被害人內褲驗出混合型DNA中不排除有他的DNA，判他四年徒刑。冤獄平反協會為他提出再審，經改採新型基因鑑定試劑重新鑑定，排除他涉案的可能性，二〇一四年改判無罪。這也是平冤會第一起成功平反的冤案。

13 二〇〇二年鄭性澤被控在KTV與警方爆發槍戰時殺害員警蘇憲丕，二〇〇六年最高法院判鄭性澤死刑定讞。在司改會與平冤會的協助下，經過兩次聲請再審並暫時停止執行死刑，直到二〇一七年才獲得無罪判決。

測那日狀況如下：

十三點二十分 從巧巧二年○班教室走到二樓施測教室，路程約十分鐘。

十三點三十分 抵達資源教室。

十三點四十分 開始測驗。

十四點十分～二十分 陸續有學生進出。

十四點五十五分 測驗結束。

許倍銘帶巧巧離開教室，經過輔導室與校長室下至一樓，把巧巧留在中庭，到學校對面 7-11 買飲料。

十五點零五分 許倍銘拿飲料給巧巧，並帶她回教室。

十五點十五分 巧巧回到教室。

從測試結果來看，性平調查小組認為「應有至少三十分鐘的獨處而非測驗時間」的說法，完全無法成立。此外，高大學生測量資源教室窗臺到地面的高度，大約是八十七公分，身高一百六十公分的學生可透過窗戶直接看到裡面，也就是說，除非許倍銘色膽包天，色欲薰心，否則絕不會笨到選擇大白天在那裡犯案。

現場實測時間軸

＊時間點間隔長度僅為示意，
並未對應實際時間長短。

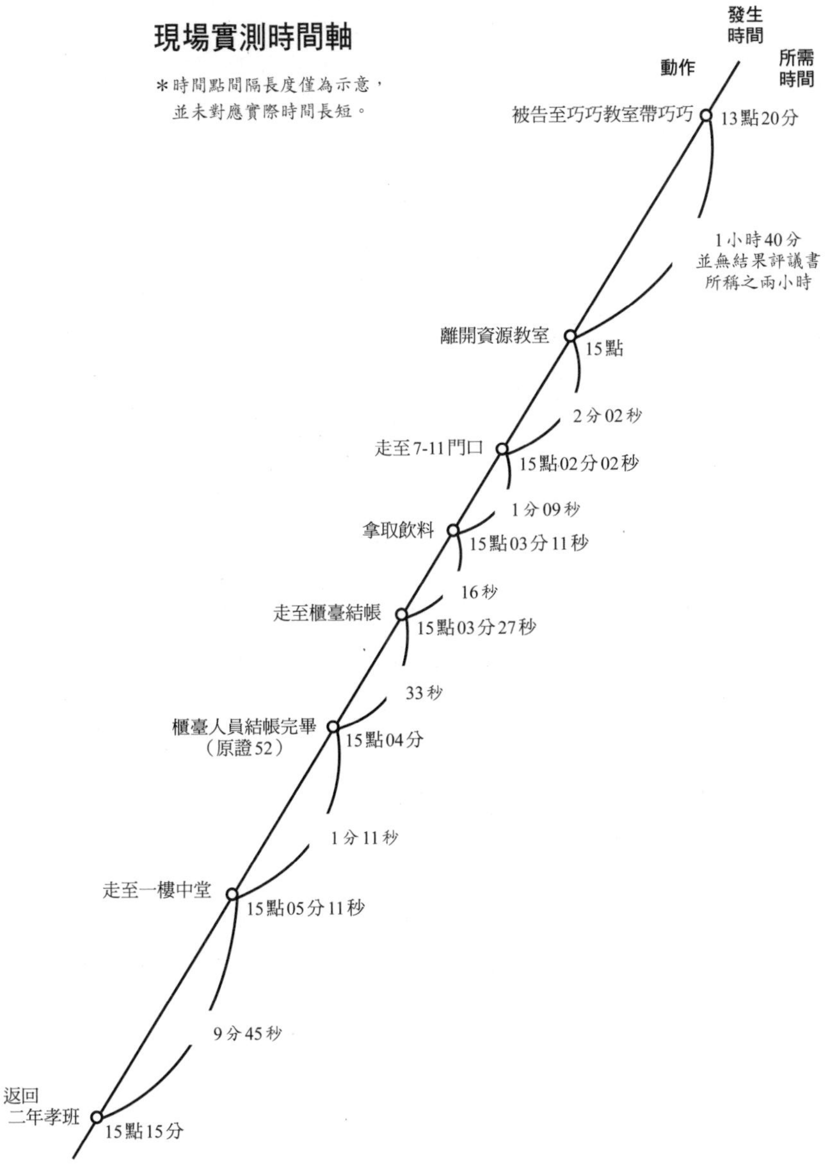

為何決定親自跑去現場，並拍攝影像紀錄？我問過衣婷這個問題，她說：

「這場官司打下來，法院從來沒有人去勘驗現場，只是從照片上去判斷。可是照片跟現場怎麼會一樣？所以我決定去現場記錄，瞭解那個地點是怎麼樣？附近有沒有商家？車流狀況如何？上午跟下午的光線是不是有什麼不同？可是沒有法官願意花時間去看現場，就算我們拍了，他們也未必會看。」

衣婷的用心當然不僅如此。二〇一六年平冤會尚未正式救援許倍銘，士翔邀她到平冤論壇報告許案，為了忠實呈現警詢過程的荒謬，卻礙於隱私無法公開播放那段錄影畫面，她委請高大志工學生粉墨登場，以戲劇模擬當時情況。

「我們想找既會拍，又會剪輯，畫質又不能太差的人來拍，真的很難。後來學生從臺中找朋友用最便宜的價錢拍，我這邊提供逐字稿，要求現場擺設跟警詢一樣，花了一整天才拍完，乎，那天每個人都累到不敢拍第二次！安排演員的時候，沒有人要演巧巧，他們推來推去說，智障要怎麼演啦？後來演巧巧的同學對案子其實沒那麼熟，還可以演得那麼微妙微肖，我覺得很厲害！」衣婷爽朗地笑了起來，「我在平冤論壇放那支片子，大家看了都傻眼了，也很有感覺。過沒多久羅律師就跟我說，這案子他們想救！」

那時衣婷找了志同道合的律師合組許案義務律師團，定期開會討論因應策略，並與高大志工同學架設「倍銘加油」臉書粉絲團，一面替許倍銘加油打氣，一面讓外界瞭解他的冤屈。我問她，做這麼多事不會累？沒有灰心的時候嗎？她低頭思索了一會兒，繼而誠懇說道：

「碰到其他案件，我做到一個程度可能就會放棄，但不知道為什麼，許倍銘的故事好像是說不完的，每次跟人家提起來，我就有好多話想說。何況人家是來找我救他的，我怎麼能夠不救？我覺得許老師真的好衰，如果這件案子救成功了，整個司法體制一定能改變很多……如果這輩子要做一件冤案救援，就是這件了……我想把它做起來！」

衣婷他們挺身控訴，既要正義，也要真相。然而過程漫長，且充滿挫折。

平冤會接手之後，採取「非常上訴」與「再審」兩條路線，兩者內外可抗辯，萬一非常上訴不成，就提再審。他們先提非常上訴，高分院在一個月後駁回，指示「相關事由應由再審處理」，他們再提，又被駁回，於是他們順水推舟改提再審，向高雄最高檢申請，被駁回。他們抗告，還是被駁回。

這樣的經驗，對平冤會而言並不陌生。這些年來，他們接獲的冤案極多，也見識過不少荒謬的判決，只是礙於人力，除非有確切科學證據，否則實在難上加難。士翔以為，檢察官及法官都是以戒慎恐懼的心情行使職權，以減少冤錯案件的發生，可是碰到像許倍銘這種案子，實在是太困難、太違悖人性了。「你想想看，犯人都找到了，警察也做完筆錄了，才輪到他們處理，他們怎麼會去質疑？尤其是性侵案，受害的是智障小孩，這一定會激起（他們）不忍的情緒，覺得要替小孩說話，想辦法捉到壞人，但整個過程就可能『走鐘』了。」

只有在謹慎考量所有足以否決「許倍銘無罪」的理由，才能公正地判處徒刑，只是這個謹慎評估的過程，似乎並沒在許案中出現。

我看過許倍銘寫給法官的一封信：

我和我的家人，度過了地獄般驚怖的五年，我最親愛的媽媽原本十分健康，禁不住長期的身心煎熬與一次又一次判決的打擊，已於去年底不幸往生，如今，老父足不出戶，夜夜借酒澆愁，高齡八十五歲的阿嬤天天以淚洗面，痛不欲生，當初考上師院光耀門楣的美夢，而今已化成人間最惡毒的詛咒。……

在沒有任何證據、證人、證物的情況下，唯一在場的弱智兒童與特教老師，陷入各說各話的困局，但是在社會一片同情弱者的氛圍下，調查過程的參與者一面倒地引導案情，向不利被告的方向推進，在一群不具專業的大人眾口爍金之下，弱智兒童真假莫辨的證詞，終於像滾雪球般地將情節推展到令我百口莫辯的地步。

不是說，法律之前，人人平等嗎？為什麼從調查到審判，小孩時而說有，時而說無，法院卻選擇性地只採用不利被告的片面證詞呢？為什麼寧可相信小孩前後不一的不合理說詞，甚至協助修飾成合理的版本，也不願相信一個任教近十年、從未有過任何不良紀錄的老師呢？……每位承審的法官、檢察官都是這個社會菁英中的菁英，肩負著維繫公平正義的重責大任，難道他們都看不出來這案子問題重重嗎？如果只因為害怕被社會批評，僅以自保為前提做出判決，人民的公平正義與事實的真相，該找誰來維護呢？這難道不是輿論殺人嗎？

或許，許案中一連串荒腔走板的發展，並不是來自檢警或法官的惡意，而是他們出於一心想要伸張正義的善意。

每思及此，總讓我感到不寒而慄。

四、孩子不說謊

法官的手工藝

德國刑事律師達恩史戴特（Thomas Darnstädt）形容法官的工作是手工藝，就像是土地測量員，追求的是精準與客觀。他們手上有很多塊小小的真實，必須仔細地測量，然後拿來與刑事規範進行比對，做出「符合」或「不符合」的注記，而這些注記在司法上稱之為「判決」。

但，問題來了。如果有位浪漫的土地測量員走在滿是花海的草地上，驚嘆於造物主的美妙、或是覺得有責任看看紫蘇或瑪格麗特是否還開著花時，一個不留神便錯量了好幾公尺，這麼一來，會造成怎麼樣的後果？就算他對大自然充滿了神聖且滿溢的愛？對此，達恩史戴特不禁慨嘆：

> 法官若不能嚴肅對待自己的手工藝：土地測量員的手工藝，重大的錯誤便會不斷上演，直至今日。他們要做的工作是測量，不是歡呼也不是謾罵。他們要做的是研究真相，而不是對著事實感到憤怒。憤怒的事應該讓其他人，也就是那些業餘人士、意識形態維護者以及熱心人士去做。如果每個人都能認識自己的本分，可能根本就不會有事。[1]

正義不是工具，它是看不到、摸不著的，但需要堅持的價值；但法律是工具，它必須符合科學與時俱進。執法者必須正確地使用工具，否則一不小心，將可能造成難以彌補的後果。

兒童或智障性侵案多半發生在隱密空間，既沒有目擊證人，又沒有任何證物，唯一的證據只有被害人的指控，如果被害人無法明確指出人事時地物，一般成案機率並不高。然而許倍銘案卻是另一個極端，既沒有人證，又沒有物證，就連驗傷單都沒有，為什麼卻被判有罪？

因為法官沒有擅用工具，仔細而審慎地測量，反讓巧巧將手指向可能無辜的人。

理論上，司法的公義應將加害者與受害者的權利一併考量，任何一方都不應偏廢，但事實上未必如此。一九八〇年代的美國社會籠罩在多起兒童性侵疑雲之中，從事件爆發到後續發展均與許案十分類似，其中最著名的就是麥馬丁幼稚園（McMartin Preschool）案。

一九八三年八月，住在加州曼哈頓海灘區的茱蒂·強森（Judy Johnson）發現兩歲的兒子馬修（Matthew）肛門有點紅紅的，她問馬修怎麼了？馬修說，屁股痛痛的。媽媽立刻聯想到雷·巴奇（Ray Buckey），麥馬丁幼稚園唯一的男老師。她問馬修，是不是雷·巴奇做了什麼？馬修連連否認，不論再怎麼問，他都說沒有。媽媽不死心，改以遊戲的口吻問他，如果雷是醫生，他是病人，雷有沒有替他打針？馬修回答：「他沒有替我打針，但有替我量體溫，從屁股那邊。」

這就對了！媽媽毫不懷疑紅紅的屁股可能是尿布疹，而是懷著「馬修被性侵」的

1《法官的被害人》，頁一八二，湯瑪斯·達恩史戴特（Thomas Darnstädt）著，鄭惠芬譯，衛城出版，二〇一六。

成見，帶著馬修四處求醫，只要這間醫院檢查不出任何馬修被性侵的跡象，她就換另一間。直到國際兒童診所（Children Institute International）的實習生指出馬修「可能被性侵」，媽媽立刻報警處理。

一九八三年九月七日，警察搜查麥馬丁幼稚園，逮捕了雷．巴奇，因查不出任何事證將他釋回。事後警局寄信給兩百多位家長，表示他們正在調查雷．巴奇，請家長協助詢問孩子是否受害或目睹罪行。這個舉動立刻引起家長恐慌，紛紛帶孩子去國際兒童診所求助，孩子在接受諮商後皆坦承被猥褻，並說幼稚園裡除了雷之外，雷的媽媽佩姬（Peggy McMartin Buckey）、姊姊佩姬．安（Peggy Ann Buckey）、高齡七十七歲的祖母維吉妮亞（Virginia McMartin Buckey）及其他幾位老師也猥褻了他們，最後共有三百五十名孩童聲稱遭到侵犯。一時之間，全美陷入歇斯底里的「兒童性侵恐懼症」，人人有如驚弓之鳥，急於找出更多狼師。他們以為，這是保護孩子的最好方法。

媒體的大肆報導及輿論的強烈抨擊，迫使警方展開一連串偵查行動，急於將犯人逮捕歸案。但除了孩子的供詞，他們找不到任何證據足以證明幼稚園發生過性侵。

這些七到十二歲的孩子說了什麼？他們說，麥馬丁的老師觸摸他們的性器，用相機及攝影機拍攝他們裸體，有時會砍下兔子耳朵，逼他們喝下兔血；他們會被帶到墓園去挖屍體，拿著刀子對著屍體亂劈亂砍。有孩子說，雷・巴奇用飛機載他去棕櫚泉性侵；有孩子說，自己被十英尺長的牛鞭鞭打，現場還有頭戴黑帽、身穿黑袍的女巫飛來飛去。最讓人感到詫異的是，所有家長都對這樣的說法深信不疑，認為這是全國性邪教組織陰謀冰山的一角。

局面朝向不可控制的方向前進，人人恨不得把麥馬丁一家人吊死，美國兒童虐待防治中心的捐款從一年一百八十萬美元驟增至七百二十萬美元，更在隔年增加至一千五百萬美元，其中大部分均指定用在性侵害防治研究。在這樣的社會氛圍之下，主任檢察官莉爾・羅蘋（Lael Rubin）正式起訴雷・巴奇等七名幼稚園老師，同時大規模搜索二十一個住家、七家商店、三所教堂、兩座飛機場、三十七輛車及農場等孩子們指稱的犯罪地點，卻一無所獲。他們化驗孩子與被告的衣服纖維，查不出任何證據。他們把整個幼稚園掀過來、翻過去找了幾遍，什麼也沒有找到。沒有裸照，沒有血跡，沒有精液，沒有武器，沒有屍體，什麼都沒有。

當時有名八歲兒童出庭作證時，與檢察官有以下對話：

檢：你曾經在學校內玩遊戲嗎？

童：對。

檢：什麼遊戲？

童：裸體電影明星。

檢：有誰在那裡？

童：雷跟他的朋友。

……

檢：你們在玩裸體明星時有人拍照嗎？

童：雷。

檢：房子裡有可怕的東西嗎？

童：有。

檢：告訴我是什麼？

童：雷會打開地上的門，裡面有獅子。

檢：獅子做了什麼？

童：牠們會跑來跑去。

檢：雷跟你說什麼？

童：獅子會跳上來咬我們，如果我們告訴別人發生了什麼事。
檢：雷穿什麼樣的衣服？
童：嗯，像這樣的紅色……雷穿得很像魔鬼，看起來很恐怖。
檢：穿什麼衣服？
童：紅色外套，看起來很像魔鬼。
檢：超過一次嗎？
童：對。
檢：有人碰你嗎？
童：有。
檢：誰？
童：雷跟他的朋友。
檢：雷有將身體某個部分放進你身體嗎？
童：有。
檢：什麼部位？
童：他的陰莖跟手指。

檢：你有跟他去其他地方嗎？
童：我不記得。
檢：你知道停屍間是什麼嗎？
童：死人被送去的地方。
檢：你曾跟任何人從學校去停屍間嗎？
童：對。
檢：誰？
童：雷。
檢：你們坐車去的嗎？
童：對。
檢：還有其他人嗎？
童：有，他的朋友。
檢：你說說在停屍間看到什麼？
童：嗯，他把棺材打開，我們看到許多屍體。2

很顯然的，這名兒童的證詞充滿偏離事實的情節，像是獅子、屍體等，而且他在描述被性侵的過程時沒有任何痛苦。可是現場沒有任何人提出質疑。

直到國際兒童診所訪談孩子的側錄影像在法庭公開播映，大家才驚覺情況不太對勁。原來國際兒童診所的負責人基・麥法蓮（Kee MacFarlane）用洋娃娃與布偶暗示雷是「壞人」，佩姬是「大胖豬」，並說其他人已經承認被性侵，希望孩子們能「說實話」。她竭盡所能地鼓勵他們說出被性侵，讓矢口否認的孩子開始承認確有其事。

麥法蓮是如何說服孩子說出「真相」的？以她與某個孩子的對話為例：

問：貝絲摸你哪裡？[3]

答：她沒有摸我。

問：你可以說出她噁心的祕密，而且她不會說出來。這樣不是很好嗎？

答：她沒有摸我。

---

2 Leichtman, M. D. & Ceci, S. J, "The Effects of Stereotypes and Suggestions on Preschoolers' Reports," *Developmental Psychology*, 31: 568. 1995.

3 貝絲是該幼稚園老師。

問：她沒有？換另一個角度來想，或許她有摸啊。

答：她從來沒有摸我。[4]

原先孩子並沒有提供被虐的事實，直到他一而再、再而三地被詢問同樣問題，或許是基於壓力、恐懼或無奈，他開始更改原來的說法。過了一會兒，麥法蓮再問道：

問：這是貝絲。

答：她沒有摸我。

問：喔，我不知道這是不是事實。我們必須說真話，或許她有摸你後面，像歐提斯。[5]

答：嗯。

問：或許她有摸你的嘴巴。

答：嗯。

問：有沒有摸嘴巴？

答：嘴巴？

問：對啊。是不是？有摸嘴巴？

答：……（沒有回應）

問：我就知道。[6]

麥法蓮最大的問題，在於她總是假設孩子「確實」被性侵，而她只是想讓孩子說出「實話」，只要孩子否認被性侵，她便不停追問下去，直到孩子的答案是肯定的——至少她認為是肯定的答案為止。

面對這場人人渴望將犯人繩之以法的「聖戰」，檢方為了配合民意不願鬆手，只有檢察官史帝芬斯（Glenn Stevens）持不同看法。史帝芬斯很早就發現案件的始作俑者、馬修的媽媽羅患精神疾病，而且還有酗酒的毛病，她不只控告雷・巴奇猥褻，就連他的前夫、鄰居也被她指控性侵馬修。檢方先前忽略了這些事證，事後又刻意隱瞞，史帝芬斯建議檢方應撤銷告訴，卻與堅持起訴的主任檢察官羅蘋發生爭執，最後不得不

4 Richard Beck, *We Believe the Children*, p. xviii, Public Affairs, New York, 2015.

5 歐提斯（Otis）可能是麥法蓮使用的布偶名字。

6 同注4。

黯然離職。

兩年之後，檢方自知手上證據少得可憐，撤銷了佩姬與雷以外其他五人的罪名，並准許佩姬以一億元交保。但雷・巴奇並未獲得保釋，原因是他有吸食大麻的紀錄，在幼稚園穿著海灘褲（裡面未著內褲）走來走去，相信異端的金字塔能量，以及只交過一位女友。這些分明與案件無關的紀錄，竟然成了檢方定罪的證據。

這起費時七年、耗資一千五百萬美元的訴訟案，最後因檢方完全提不出實質證據，才被迫撤銷對雷的告訴。這也是美國史上歷時最久、花費最鉅的訴訟案。

為什麼那些孩子要做偽證？二〇〇五年，指控雷・巴奇的凱爾・沙普羅（Kyle Zirpolo）公開承認，當時父母、社會及國際兒童診所給他的壓力太大了，讓他不得不說謊：

> 每次我想給些他們不喜歡的答案，他們就會再問我一次，並且鼓勵我說出他們想要的答案，那太明顯了，很明顯的他們希望我提供他們想要的答案，只要我這麼做，他們就會說，你真是聰明的孩子，或表示我這麼說可以幫助其他害怕的同學。當時我也曾對自己的不誠實感到不好意思，但是那個年紀的我只要父母要我

> 做什麼，我都願意。我想，我很多關於撒旦邪教的描述，都是來自週日上教堂的經歷。每個週日我都必須去，但我根本就不想去，因為每次都是一堆人在那裡又唱又跳的，站起來又坐下，站起來又坐下幾個小時。每次有人要我敘述更多性侵細節時，我就想起教堂的景像，既然大家都說上帝是好的，我很自然把撒旦、邪教崇拜這些東西給扯進來。[7]

只是孩子無心所造成的傷害，再也難以彌補了。佩姬出獄後被嚴重的恐慌症纏身，已於二〇〇〇年去世。雷重回校園就讀法律系，希望不再帶著汙名，老老實實地過日子，但外人未必瞭解他的無辜，只記得他的惡名。陌生人當街痛斥他：「性變態！」「法院或許懲罰不了你，但是上帝會！」他的生活已經碎成千片萬片，再也回不去了。

美國加州也發生過與麥馬丁案如出一轍的事件，那就是約翰・史道（John Stoll）的冤案。

四十一歲的木匠約翰・史道在加州東貝克斯菲爾德（East Bakersfield）租了一幢三

---

7 "I'm Sorry," Kyle Zirpolo, *Los Angelas Times*, 30 Oct 2006.

房兩廳的白色小屋，每隔週週末，平日與前妻同住的兒子傑．史道（Jed Stoll）會來這裡與他同住。一九八三年冬天，傑結識了住在附近的艾德．山普利（Ed Sampley），一個有著金髮與雀斑的二年級男孩，並透過他認識了其他孩子。每逢隔週週末，小屋裡充滿了男孩歡笑聲，約翰與他們在後院游泳池嬉水，有時開車載他們去露營，不消說，孩子們都愛死他了。

次年六月某日下午，副警長柯尼．艾瑞克森（Conny Ericsson）與社工薇達．麥瑞洛（Velda Murillo）前來拜訪，聲稱有人指控約翰猥褻了艾德。艾德說，沒有。副警長不相信，他告訴艾德媽媽，這是一起遍及加州東岸的集體性侵案，可能與撒旦崇拜有關，希望媽媽多加留意。

隔了幾週，媽媽帶艾德到警局接受正式訊問。副警長問他，約翰怎麼稱呼自己下體？他吞吞吐吐說，應該是「熱狗」（hot dog）吧，這是他唯一想到最不尷尬的說法。副警長說，約翰是壞蛋，許多孩子跟他一樣受害，希望他勇敢地站出來，將約翰繩之於法。艾德矢口否認，但沒有人相信。他們一遍又一遍問著同樣問題，最後艾德只好說，約翰要他爬上臥室的水床，命令他脫掉衣服，觸碰他的「熱狗」。他幾次經過傑的房間，從微微打開的門縫中，看見約翰把「熱狗」放進其他孩子嘴裡……

艾德不知道自己為何那麼說，但他還是說了。這立刻引發眾人憤怒，他們的聲音很大，氣燄很高，將譴責的手指對準了約翰這個敗類，認為他就算下十八層地獄，都不足以原諒他所做的事。

為什麼約翰會被懷疑？因為傑的媽媽向社工抱怨，約翰的房客葛蘭特．薩爾夫（Grant Self）「不恰當地」觸摸過傑，這讓她感到不舒服。事後社工發覺傑提到爸爸時「有點不自在」，經過鍥而不捨地追問，傑才吞吞吐吐地說，爸爸猥褻過他。社工追問是否有別人受害，他供出艾德幾個孩子的名字，而其他孩子在疲勞轟炸的詢問之下，紛紛半推半就地說出被約翰、葛蘭特及其他人猥褻的故事。

這些孩子的話是否可信？至少德州大學心理學家伍德（James Wood）是持保留態度。他認為，調查人員使用過多暗示性語言，例如不該說其他人已經承認，這是在暗示孩子該說什麼。他亦質疑只要孩子承認，詢問者便大力稱讚，讓孩子畏於大人權威，或為了取悅大人，而說出大人想要的答案。

孩子的指控與淚水，遠勝於一切理性的判斷。就算檢警沒有任何具體證據，在整個社區瀰漫著恐懼與憤怒的氛圍下，約翰依舊被認為涉嫌重大。最後法官判處四名被告有罪，其中約翰被判得最重，刑期長達四十年。

這簡直像是一場鬧劇。原來一個公開的法律原則，那就是在沒有證據之前，人人都是無罪的。但這裡情況卻完全反了過來，先假設約翰有罪，並要求他證明自己的無辜，如果他無法證明，就表示他是有罪。

艾德感到痛苦極了。他向媽媽坦承自己是隨便說的，沒想到大家都信了，怎麼辦？警方告訴媽媽，艾德只是太害怕，覺得太丟臉，不知道該怎麼辦，才會矢口否認。

這起案子結束了，艾德的痛苦並沒有。隨著時間流逝，他的懊悔與焦慮並沒有減少，反而變得更深。一九九九年，艾德遇見了維多．孟吉（Victor Monge），也是指控約翰的孩子之一，兩人有些彆扭地談起那件令人難堪的事。艾德鼓起勇氣問他，約翰對他做了什麼？維多猶豫了許久，說，沒有，可是大人一直逼他，他擔心非法移民的媽媽會被遣送出境，所以警察要他承認，他就承認了。

二〇〇二年，北加州無辜者計畫（Innocence Project）的史奈德克（Michael Snedeker）發現這起案子疑點重重，決定重新訪問孩子，艾德他們全都坦承那時是畏於大人權威才說謊。法院重新召開聽證會，以「經過誘導得到的供詞並不可靠」為由，宣判約翰等人無罪。這時，約翰已經被關了快二十年了。艾德當面向他致歉時，他冷靜地說：「別再說了，你不需要對我感到抱歉，你應該對那些逼你們作證的人感到憤怒。」[8]

發生在德國的海納．摩勒（Reiner Mollers）案，也與上述兩起案件的情況極為相似。

四歲的馬庫斯（Markus）住在德國明斯特（Münsterland）區。一九九〇年十一月七日，媽媽問他要不要一起去散步，他告訴媽媽他發燒了，屁股好痛。這話立刻引起爸媽的友人、從事性侵害防治工作的布麗吉．托奇策（Brigitte Turczer）的質疑。她問馬庫斯發燒時是否吃了什麼？是吃糖？還是吃藥？還是在屁屁量體溫？馬庫斯說：「海納把手指頭插進我的屁屁。」海納．摩勒是他就讀幼稚園的老師。

海納真的把手指插進馬庫斯的屁屁嗎？馬庫斯的媽媽半信半疑，布麗吉卻說：「要不你就相信這個小孩的話，要不就是不相信他，沒有中間地帶。」

是的，不是相信，就是不相信，沒有中間地帶。布麗吉及她隸屬的性侵害防治團體「微苦」（Zarbitter）同仁決定相信馬庫斯，並著手調查海納的底細。他們到過去海納服務的幼稚園詢問，通知家長說他涉嫌性侵，讓每個家長心急如焚，而透過「微苦」指導的詢問技巧，所有孩子都承認自己慘遭海納的毒手。

他們決定相信孩子，他們願意相信，也選擇相信。

8 "Who Was Abused?" Maggie Jones, *New York Times*, 19 September 2004.

熱心兒保人士繼續調查，卻沒人問過海納是否真把手指插進馬庫斯的屁屁，沒有，一次都沒有。他們私下與海納會談，指控他做了不該做的事，即使海納矢口否認，還是被幼稚園解僱了。

海納被兒保人士控告之後，立刻被警方羈押。但，事情還沒完。警方認為這是個兒童性侵幫派組織，成員除了海納，還包括教師、國民役服役人員、清潔工、計程車司機等人。警方表示，孩子告訴他們，體育館底下有條地下通道，那裡進行著變態的遊戲：在蝙蝠的環伺之下，人們拿著鋸子和刑具進行殘忍的遊戲，更有人被屠殺。警方聞言前往體育館，把地板掀開來看，結果呢？什麼都沒有。

這些日子以來，原本活潑開朗的馬庫斯變得愈來愈安靜，愈來愈不說話。他告訴法官，那天大家很吵，海納從後面碰了他一下，至於手指有沒有放到他屁屁裡？他說，不是這樣啦，他有穿厚褲子，海納沒碰到裡面。雖然馬庫斯這麼說，明斯特檢察署仍指控海納從一九八三年到一九九一年性侵了六十三個孩子，經過二十六個月羈押，因查無事證才得以獲釋。

為什麼從一句「屁股好痛」，會發展成血腥變態的集體性侵？這與明斯特心理醫師富爾尼斯（Tilman Furnis）有很大關係。他長年協助兒少保護者處理性侵，「微苦」介入馬庫斯一案之後，他便是主導偵查的關鍵人物。他慣常使用「假設語氣詢問法」，這套理論是如果給孩子建議，問他們是不是「可能」發生了什麼，便可讓孩子說出事實。例如：海納可能會怎麼做？他是不是可能弄你的小雞雞？他是不是可能脫光光？只要孩子點頭，大人就很開心，孩子受到鼓勵，承認的事就更多了。正如達恩史戴特所言：

> 這是一場由常常很狂熱的兒童保護者所發動的戰爭，他們自詡為羅賓漢，為了對抗那幫被誤認為無知、狼狽為奸的男人，他們不願看到也不願聽到最噁心、最邪惡的犯行，卻利用法治國的質疑來阻止他人堅決尋找殘忍的真相。這場戰爭留下很多的受害者：小孩。[9]

是的，受害的永遠是孩子。他們說出沒有發生的事，卻相信自己所講的故事。他們的記憶是假的，卻衷心以為自己被猥褻，記得海納對他們做了什麼。他們已經把這些情節與自己合而為一了。

9《法官的被害人》，頁一六九，湯瑪斯・達恩史戴特著，鄭惠芬譯，衛城，二〇一六。

法官也是人，他們也可能犯錯，而這樣的情形不論是在美國、德國或臺灣都見得到。以麥馬丁案為例，事情固然肇因於茱蒂．強森的譫妄與偏執，但若是沒有國際兒童診所的誤導與解讀，檢調單位又照單全收，怎麼會從一句「屁股痛痛的」，變成三百多名孩子的集體性侵案？可見問題不在於證據是什麼，而在於研判證據的態度。

那麼，要如何判斷兒童證詞是否可信？

加州柏克萊法律科技中心的瑪麗．安．梅森（Mary Ann Mason）博士指出，兒童證詞會受到幾種情況影響：本身記憶模糊，錯誤資訊來自周邊事物，以及提出錯誤資訊的是他們尊敬的人。她特別指出，**第一次的訪談特別重要，因為第一次問話的暗示作用最具影響力**。她以麥馬丁案為例，認為孩子在第一次接受訪談幾個月或幾年之後，由不同訪問者再度進行訪談，當然會混淆了證詞的真實性，所以訪問者是否專業非常重要。

梅森也指出，詢問者常以為偵訊娃娃可讓孩子容易描述事發經過。但有針對一百位非受虐兒童的研究指出，偵訊娃娃顯著的陰道與陰莖，常讓孩子主動去把玩，透過偵訊娃娃所做的陳述有半數被過度解釋成遭受性侵，可見這樣的做法有其風險。[10] 那麼，要如何才能進行不具暗示性的詢問？她的建議是，不要使用偵訊娃娃，改用其他有關兒童發展技巧的工具，例如使用可隨意移動擺設的房子模型，適度提醒注意力與記憶力，就算需要口頭提示，也必須告知不必勉強，就算不記得也沒關係。

此外，法官必須瞭解孩子的智能發展、記憶及語言能力，以此做為判斷依據。孩子站上法庭作證之前，應先瞭解法庭每個人的角色，審理過程是怎麼回事，才能有充分心理準備。在審理過程中必須使用孩子聽得懂的字眼，讓他們沒有過大的壓力。

在閱讀麥馬丁案、約翰·史道案及海納·摩勒案的過程之中，我不得不感嘆它們與許倍銘案的高度相似性：**起因於孩子的無心之言，經過大人的誤導與解讀，孩子承認被性侵，進而造成家長恐慌，讓無辜者被判有罪。可見冤案的形成從來不是個人問題，而是所有人的誤判。**尤其案件拖得愈久，審判次數愈多，判決書長篇累牘，論點重複，法官很容易忽略疑點而承襲前審判斷，這樣的疏失一層層往上加疊，自然會將無罪之人打入有罪之境。

證據法則不是絕對的，重要的是看證據的人的心態。我們傾向於相信嫌疑犯有罪，急於替被害人平反，進而訴諸道德感情，而不自覺落入「確認偏誤」（confirmation bias）

---

10 梅森博士的幾點意見，見《孩子，你說謊》（*Why Kids Lie*），頁二三二—二三三，保羅·艾克曼（Paul Ekman）著，孫以潔譯，及幼文化，一九九五。

的陷阱。檢警法官經常傾向蒐集嫌疑犯有罪的證據，而忽略了查證與指認過程的瑕疵，就算他們把再多的「事實」堆疊在一起，若是缺少了整體性的互相比對與反覆驗證，仍可能找不到所謂的真相。

我們經常義憤填膺，自以為義，往往只證明了自己是被激情綁架的平凡人，如此而已。

當心理學進入法庭

自從民間團體救援許倍銘以來，最大的苦惱在於如何找到新的實質證據，這也是諸多刑案從有罪翻轉成無罪的關鍵。許案既沒有驗傷，也沒有物證，有的僅是巧巧的說詞，可以找出什麼樣的新證據，好讓法院同意開啟再審？

二〇一四年，中正大學陳慧女教授以其心理諮商與智障性侵治療專業背景，提出一份「案情疑義」報告，分別從巧巧父母的反應與問話過程、L老師未依規定要巧巧進行指認、警方與社工未進行驗傷採證、警詢與性平調查多為引導式訊問、偵訊娃娃使用未依標準程序、醫院精神鑑定報告過度推論等角度，做出「許案的調查歷程及所得證據，未符合程序正義、也未具科學證據原則，有諸多疑義」的結論。陳慧女的質疑，涉及法律與心理學的跨領域運用，包括巧巧為什麼指認許倍銘？員警與性平調查委員的詢問出了什麼問題？這些導致誤判的根源是什麼？報告中具體點出了諸多疑點，只可惜未被法院採納。

那時衣婷聽陳慧女提起，臺大趙儀珊教授在心理系開設司法心理學的課程，建議司改會研究員林瑋婷去旁聽。林瑋婷覺得或可藉由科學方法分析巧巧證詞，便與平冤會執行長士翔連袂拜訪趙儀珊，希望為許倍銘案找到一線生機。

「我第一個想到的問題是，當初是怎麼發現的？是不是小朋友說了什麼，或是做了什麼？他們告訴我，是小朋友在車上說『爸爸你的小鳥為什麼不給狗親』，又說性侵的人『是像爸爸一樣的人』。我問他們，有沒有調查爸爸？他們說沒有，調查方向一直鎖定在老師。我聽了就覺得很詭異，這種案子應該從家內開始調查，這是common sense，怎麼會這樣？」趙儀珊說。

出生成長於馬來西亞的趙儀珊是英國劍橋大學發展心理學博士，特別關注兒童證詞的汙染及性侵案詢訊問方式的缺失。六年前她應邀對一群司法人員說明詢訊問方法如何影響證詞的正確性，待演講結束，某法官表示有件爸爸猥褻女兒的案子，她懷疑小孩說詞受到爭奪親權的媽媽影響，想請趙儀珊幫忙鑑定。

「那個法官是聽了我的演講，知道可以從哪些心理因素去分析證詞，問我實際上是不是做得到。那時國外已經有很多心理學家在做這類鑑定，我在英國的指導教授也在做，但是臺灣還沒有人做。我非常訝異臺灣研究司法心理學的人這麼少，而且很少關於兒童詢訊問的研究，但我有個mission，就是要維護正當程序，想用客觀的方法釐清事實，所以決定接下來。」

趙儀珊詳細看了資料，發現筆錄記載的內容竟然不是被害人說的，這讓她難以置信。「我看到光碟裡那個警察一邊打筆錄，一邊跟媽媽說，媽媽這你講的，我就直接打成是小朋友說的好了。那個社工也一樣，他說，媽媽，你講幾點鐘，我們就打幾點鐘好了，反正小朋友也忘記了……」她露出難以置信的神情，「我知道社工不是故意的，他是真的認為應該代表被害人，但這就是專業度不夠的問題！」

趙儀珊根據光碟逐字稿進行系統性判讀，分析每個問答的描述，發現只要女兒講到關鍵性細節，就會轉向媽媽求助，讓媽媽繼續說下去，懷疑媽媽汙染了女兒證詞的可能性極高。最後這件案子因為證據不足，爸爸獲判無罪。

趙儀珊鑑定案子向來只聚焦在案情本身，從不講人情義理，目的是透過理性剖析讓司法判決更公正，她願意無償鑑定巧巧的證詞，也是基於同樣的理由。「瑋婷他們來找我的時候，我很明確地說，我的工作不是在幫哪一邊，不是說你覺得無罪，我就幫你們找無罪的證據，有可能最後我發現小朋友講的是自發的，沒有汙染。我很喜歡跟瑋婷及士翔合作，因為他們從來不會給我壓力，比起其他單位經常暗示說『某某很可憐』什麼的，他們兩個夠專業，完全不會這樣。」

原來趙儀珊只是「聽說」許案很離譜，直到親眼看了警詢筆錄及光碟逐字稿，才知道離譜到什麼程度。

「小朋友口中的『鳥鳥』，是不是男性生殖器？或者是其他東西？她說『鳥鳥被狗親』是不是就代表口交？這些都必須先釐清，因為小朋友講話不見得知道它真正的意思。可是媽媽直接就聯想到性侵，我是覺得有點問題。另外是警察問案的情形，我覺得真的是糟透了，光看他們問案的技巧，就知道沒有接受過相關訓練，每兩個問題就有一個誘導性問題，調查人員還當場模擬，我覺得好可怕！」

趙儀珊花了半年時間，逐一分析員警、社工提問及巧巧回答，同時判讀每個人的非語言行為，像是每個句子之間停頓多久、提問者是否同時說話、巧巧的身體反應，做為判讀證詞準確性的依據。她認為警詢與性平調查的問題對巧巧來說太多、太快、也太複雜，她懷疑巧巧是否理解問題的意思。她以員警與社工的某段提問為例：

社工：那這個呢？（手指娃娃的生殖器）這是什麼？這個長長的是什麼？

員警：你有看過誰的小鳥？有沒有看過誰的小鳥？

趙儀珊認為，這樣的問話顯示大人早就預設巧巧看過某人的生殖器，問題是巧巧可能沒有看過，而且可能誤以為「小鳥」是指娃娃，而不是生殖器，這樣的問法，無疑就是暗示，就是誘導。另外，大人經常以封閉式（例如「毛巾是紅色還是白色」、「你有沒有看過許倍銘老師的鳥鳥」）的提問限制了回答，而大量誘導也扭曲了巧巧原來的記憶，讓人無法確定她說的是否來自真實的經驗。

趙儀珊分析員警與社工的問話內容與問題類型，得到以下結果：

員警的敘述與問題類型：

	實質問題（N=153）				非實質問題（N=15）	
	開放式	指示性	選擇性	誘導性	非實質問題	總數
	17	42	58	32	15	
重複		3	1	0		
總數	17（11.1%）	45（29.4%）	59（38.6%）	32（21.0%）	15	168

社工的敘述與問題類型：

	實質問題（N=91）				非實質問題（N=19）	
	開放式	指示性	選擇性	誘導性	非實質問題	總數
	13	18	26	27	19	
重複		3	4	0		
總數	13（14.3%）	21（23.1%）	30（33.0%）	27（30.0%）	19	110

由此得知，指示性與誘導性問題占了絕大多數，而這樣的提問自然讓證詞的可信度降低。

趙儀珊也分析性平調查的逐字稿，情況與警詢十分雷同。他們讓巧巧把玩娃娃，試圖以角色扮演讓她說出實情，但巧巧可能以為是在玩遊戲，而不是還原當時狀況。尤其不恰當的是，他們要求巧巧扮演許倍銘，對著扮演巧巧的委員乙進行控訴，這不只是嚴重誤導，也可能過度解讀巧巧對娃娃所做的動作。她分析兩次性平調查的敘述與問題類型，結果如左頁。

調查人員經常重複詢問，讓巧巧以為自己「答錯」，進而回答相反的答案；另外，他們懷疑巧巧說「沒看到許倍銘鳥鳥」不是事實，同樣問題至少問了十次，巧巧可能是迫於壓力才承認有看到。還有，第一次訪談時間約二十分鐘，調查人員發言次數卻高達一百六十八次，這對巧巧來說是太沉重的負擔，她經常沒有反應，除了可能是聽不懂、無法回答，也可能是不想回答，畢竟要在二十分鐘裡面回答這麼多問題，實在是太累了。

最後趙儀珊在結論中寫道：

二〇〇八年十月三日性平訪談敘述與問題類型：

實質問題（N=151）				非實質問題（N=17）	
開放式	指示性	選擇性	誘導性	非實質問題	總數
1（1.0%）	13（8.3%）	34（22.5%）	103（68.2%）	17（10.1）	168

二〇〇八年十一月十七日性平訪談敘述與問題類型：

	實質問題（N=158）				非實質問題（N=10）	
	開放式	指示性	選擇性	誘導性	非實質問題	總數
	13	23	70	25	10	
重複		8	18	1		
總數	13（8.1%）	31（19.6%）	88（55.7%）	26（16.5%）	10	168

在司法程序中，**第一線的詢問是最關鍵的**，因為與案發時間隔最短，被害人的記憶是最清楚的。然而，如果被害人第一次被詢問時嚴重被誘導，不僅此筆錄取得的資訊缺乏可信性，後續的詢問結果又可能因之前的誘導方式受到汙染……鑑定人認為甲女的證述有可能受到嚴重的汙染，之故推論本案甲女被害人證述之可信度低。因甲女被誘導，所以無法確定許倍銘老師把生殖器放入甲女口中是事實，這件事是高度可懷疑的。從甲女所提供之資訊無法確定是否為許倍銘老師對其有性侵害之事實，也無法排除甲女在製作警詢筆錄之前，有接觸過性相關之資訊或有性行為之經驗。

趙儀珊謹守專業，就算鑑定結果無法證明巧巧說謊或說錯，至少她以科學分析列舉證詞的諸多問題，應可做為扭轉判決的利器。平冤會以這份報告做為「新的實質證據」提出再審，但還是被駁回了。

對於這樣的結果，趙儀珊感到遺憾，卻不太意外。她知道，既有體制有如萬仞高牆，不論是直接衝撞，或是繞道而行，都沒那麼容易。

「我剛來臺灣的時候說我在做兒童證詞如何被汙染，以及性侵案件詢訊問常見的問題，法律人都很shock，他們問我，心理學家為什麼要關心筆錄的可信度？還可以教司法詢訊問？這些是法律人該做的事啊！我問他們怎麼知道自己做的沒錯？他們卻答不上來。或許他們以為做這些事就像呼吸或喝水一樣自然，沒有特別學習的必要。」

趙儀珊指出，有時詢問者常因預設立場而忽略細節，或使用誘導性、封閉性、重複性等問題，進而汙染了兒童證詞；有時則是家屬因親權爭執或「家醜外揚」等考量，事前指導兒童陳述對己方有利的說法，使得證詞的可信度降低。為了解決這樣的困境，她引進美國國家兒童健康與人類發展研究中心（National Institute of Child Health and Human Development，NICHD）為兒童設計的詢訊問程序，以兒童發展心理學的專業知識，透過循序漸進的詢問節奏與訪談技巧，盡可能確保司法訪談的品質，以減少證詞錯誤的機率。這套詢訊問程序，包括以下四個步驟：

一、介紹：說明訪談的目的，建立與證人之間的信任關係，並評估其作證的能力。

- 建立關係時應避免聊到卡通、電影，避免兒童混淆現實與幻想。
- 有些學齡期兒童的時間概念是以時鐘上的圖案為核心，譬如「時針是大象、分針是長頸鹿」，如果直接詢問他現在幾點幾分，可能會讓他感到迷惑。

●在調查過程中，聽到特定資訊時應避免露出訝異或有興趣的表情，以免誤導兒童的回答。
二、實質問題階段：應以開放性的問題來取得證詞。
三、調查事件：將事件以時間分割，深入指示性問題。
四、結束：感謝當事人的參與，先透過中性話題緩和情緒，再結束訪談。

趙儀珊自認她的工作是找出問題、看見問題，進而維護及補強司法制度既有缺失，然而這樣的做法觸動了既有遊戲規則，接下來遭逢一連串槍林彈雨，似乎是意料中事。有警察與檢察官當面憤憤地說，你憑什麼說我們誘導被害人？我們做得很好，只是你沒看見！趙儀珊直言她鑑定過一起誘導案就發生在該縣市，對方卻信誓旦旦地說，不可能！她點明案子就是當地婦幼隊做的，對方不服氣，辯稱是單一個案。趙儀珊反問他們如何確認？對方又氣又急地說，因為我們婦幼隊是全國最好的！

「他們說這種話，完全沒有任何依據……」趙儀珊苦笑起來，「我真不知道他們是哪來的信心！」

類似這樣的經驗，她可碰多了。某次演講至一半，某主任檢察官嗆道：「你憑什麼說我們誘導？我們要釐清事實，就是要站在被害人那邊，當然必須用盡所有手段問出事實啊！」趙儀珊客氣表示，她說的「誘導」是心理學用語，指的是詢問者主動說出被害人沒有提供的細節，並沒有特別指涉，何況她說的是實際案例，都是有憑有據的。她話還沒說完，該名主任檢察官便帶著其他同事憤而離席。

我很佩服趙儀珊一點，就是不論敘述的是多麼令人髮指、或慘絕人寰的情節，她永遠一派鎮定，雲淡風輕。我聽過她公開訴說陪伴性侵受害孩子接受不當詢問的情形，現場聽眾已頻頻拭淚，她依舊面不改色，十分淡定。

「你聽那些孩子講受害的過程，情緒不會有波動嗎？」我忍不住問她。

「當然會啊，I am only human.」

「你會跟他們一起哭嗎？」

「當然不會！」

「所以，你可以控制自己的眼淚？」

「我可以。」如此篤定的答案，真令人瞠目結舌。

天生的生理因素與缺乏專業詢問技巧，常讓兒童或智障者成為司法棄兒，除非有像趙儀珊這樣的人以符合認知發展階段的語言說明問題，將行為代表的意義解釋給法官聽，才能確保他們的需求與權利被納入考慮。不過偶爾面對法官的不解與疑慮，她也有心情特別沉重的時刻。

某次她陪被性侵的智障女孩在法庭進行交互詰問，法官問話的速度很快，專業術語又多，她請法官放慢說話速度，法官卻頻頻看錶：「怎麼還不回答？已經過了三分鐘了，再不答，叫檢察官罰你錢喔！」趙儀珊向法官解釋女孩還在思考，請他再等會兒，法官卻說，那要等多久？要開始計時囉！滿腹委屈的女孩一面掉淚，一面用力搥著椅子說：你們就是不等！

趙儀珊的心都碎了。但她很快收拾情緒，繼續協助女孩回答提問。

我認為趙儀珊不是激進的倡議者，也不是作壁上觀的局外人，只是試圖站在多重角度冷靜思考。但在一個不習慣傾聽別人聲音、尤其是與自己立場相左聲音的社會，她謹守專業本分，不只替被害人鑑定、也替加害人鑑定的做法，讓少數人質疑她的立場。

她受託替加害人進行心理鑑定，法官問她，你這麼做，有沒有考慮過被害人家屬的感受？「我真的沒想過這個問題，」那時候停頓了一下，後來告訴法官說，我鑑定的是被告，沒有理由、也不需要考慮他們（被害人家屬）的想法。」那時被害人家屬就坐在她的後方，頻頻發出抽抽噎噎的啜泣聲，讓她感受到莫大的壓力。

她不是刻意為任何人辯護，只是努力將與心理有關的研究、個人所知的真實是什麼呈現出來。至於替人辯護，那是律師的事，判定有罪或無罪，則是法官的職責。她時常提醒自己，別讓個人情緒影響專業判斷，而且她向來說到做到。

「你可以控制自己情緒，不受這些人的影響？」我不太確定地問她。

「對，我可以。」她肯定答道，「我覺得這跟人格特質有關吧。我媽媽說我從小就很淡定，抗壓性很高。我上小學第一天就跟爸媽說，你們不用陪我，我可以自己走進學校。我是發展心理學家，知道有些人天生就是有這種特質，或許就是這樣，所以很適合當鑑定人吧！」

二〇一七年初正式上路的《性侵害犯罪防治法》第十五條之一規定，案件在偵審階段，專業司法詢問員得協助兒童及智障者進行詢訊問。目前衛福部已積極培訓性侵害案件司法訪談專業人才，邀請趙儀珊進行兒童證詞詢訊問訓練的單位也更多了，顯見司法界已愈發重視詢訊問技巧的重要性。

日前有法官請她協助被性侵的三姊妹（其中兩名是中度智障）在法庭進行交互詰問，法官與檢察官的說話速度很快，被害人一時難以理解，趙儀珊只得不停打斷他們的話，說，對不起，可不可以請你們說話慢一點，我才能轉化問題讓被害人瞭解？

「然後，神奇的事情發生了。法官說話的速度立刻放慢很多，讓被害人可以一面哭著接受我的安撫，一面慢慢思考要怎麼回答。辯方律師大概是看到連法官都這麼配合，態度也變得很友善，還跟被害人說，如果我問的不清楚，你要跟阿姨（指趙儀珊）說喔……我心裡想，咦，我真的是在法庭嗎？」

更神奇的事還在後頭。當智障女孩緩緩說出被害經過，真相逐漸廓清，讓原本抵死不認的加害人當庭俯首認罪。「法官問他，你知道你在說什麼嗎？你在認罪喔？他說，我沒想到她（被害人）可以講得那麼清楚，只好認了……」說到這裡，趙儀珊的眼睛熠熠發亮，「所以啊，只要改變詢問的方式，不只能讓被害人講出事實，也可能影響被告的態度！」

趙儀珊的鑑定報告固然無法扭轉許倍銘的命運，但她時常在授課時以許案（隱去足以辨識人事時地物等細節）為例，說明詢問時可能出現的問題，總是讓現場驚呼連連，直稱不可思議，甚至有員警懊惱地坦承自己就是這麼問案。「沒有人存心冤枉人，他們只是不知道自己可能犯了錯。」至今，趙儀珊仍在努力瞭解司法人員的需求，根據本地社會文化調整美國國家兒童健康與人類發展研究中心的詢訊問程序，希望能摸索出最有效的訓練模式和內容，以減少詢訊問誤導而造成的誤判。

翻轉許案過程所面臨的重重阻礙，從訪問趙儀珊的過程中漸漸清晰，這是個由文化、體制與偏見所共同構築的現象。它並非牢不可破，問題是，該從哪裡開始打破？

五、失控的同理心

恐龍法官？

司改會的蕭逸民說過，許案從頭到尾證據都十分薄弱，唯一能夠翻轉法官心證的，就是許倍銘的人格。如果眾人眼中有如「聖人」、「從頭到尾太乾淨」的許倍銘真的沒有瑕疵，為什麼法官不願相信他的說詞？

「許倍銘在法庭上的表現是九十九分。這個案子之所以會打那麼久，我認為是法官差一點就相信他了……就輸在那一分。」逸民說。

「這一分是輸在哪裡？」我問。

「就是白玫瑰運動症候群啊！沒有人想當恐龍法官。」

什麼是白玫瑰運動？

二〇一〇年八月十五日，《蘋果日報》獨家頭版新聞指出南部某六歲女童遭林姓男子性侵，高雄地院以林男「未違反女童意願」，判刑三年二個月。婦女團體及醫學專家咸認為，「法院這麼認定，不就等於宣告小女孩同意和陌生大人發生性行為，怎麼可能？」「六歲女童對性瞭解有限，對於不懂的事，即使沒拒絕，法官也不該認定她同意，如此判刑是離譜了！」至於民眾的反應，則是：「女童年紀那麼小，嚇都嚇呆了，怎麼反抗！」「發生在大人身上都會不知所措，何況是女童，怎可要求要反抗！」「法官真是沒有常識，亂搞！六歲女童根本沒有反抗能力，發生這種事怕都怕死了，怎麼反抗啊！」[1]

這則新聞經過媒體大幅報導，立刻引起群情激憤。有網友發起「荒謬判決？太瞎了」的法官免職連署，立刻得到十幾萬人迴響。隔了幾天，《聯合報》[2]與《蘋果日報》[3]又刊出兩起性侵遭輕判的新聞，文中不斷強化「純真善良的女童最不該受到傷害」、「傷害無辜女童的犯罪者應該受嚴厲譴責」的立場，民眾對司法的不滿急速升溫，以「恐龍法官」、「白目法官」形容這些「欠缺常識」、「與社會脫節」的法官，掀起萬人聚集在凱達格蘭大道的「九二五白玫瑰運動」，同時提出妨害性自主的保護對象由七歲以下擴大至十四歲以下及身心障礙者、兒童受性侵害相關審判應有兒童心理專家全程陪同受害者出庭、以及不適任法官評鑑與退場，不受憲法終身職保障，要求徹底改革「恐龍法官」等訴求。

為了回應民眾憤怒的情緒，最高法院做成九十九年第七次決議，認定七歲以下兒童性侵害一律成立加重強制性交罪；總統馬英九、副總統蕭萬長及司法院長賴浩敏亦公開表示「司法固然要獨立，也要能貼近民眾感情」，對提名審理該案的審判長邵燕玲出任大法官「要對這項疏忽向社會大眾表示歉意，對未來依憲法之提名作業，會更加審慎，務求周延」。邵燕玲法官發表聲明，表示「為了避免困擾，決定懇辭總統提名」，事情才告一段落。[4]

---

1 〈男子性侵六歲娃，輕判三年二月，法官竟稱「未違女童意願」〉，郭芷余、邱俊吉，《蘋果日報》，二〇一〇年八月十五日。

2 〈二歲女記錯時間？性侵犯判無罪〉，白錫鏗，《聯合報》，二〇一〇年八月十九日。

3 〈可惡　法官又稱未違意願　三歲童哭喊不要仍遭性侵〉，賴心瑩、郭芷余，《蘋果日報》，二〇一〇年九月一日。

4 〈提名恐龍大法官　馬急換人〉，綜合報導，《蘋果日報》，二〇一一年四月一日。

「白玫瑰運動」掀起的民眾怒火是否有道理？法官真的都是不食人間煙火的「恐龍」嗎？

以二〇一〇年八月十五日《蘋果日報》為例，該報除了女童被性侵的新聞，還刊出一項民意調查結果，題目是：「男子性侵六歲女，檢方求刑七年十個月，但法官以無證據顯示女童抗拒輕判三年二個月，你的看法？」這個調查的選項只有兩個，一是「不合理，判決荒唐」，一是「合理，凡事要講求證據」，如此充滿引導與暗示的標題及選項，用膝蓋想也知道最後結果會是什麼。

媒體如何主導了民眾對此事的觀感？發起「九二五白玫瑰運動」、正義聯盟發起人曾香蕉透露自己的心情：

> 當初看到媒體揭露此判決時，感到相當氣憤與不平，身為二個未成年孩子的父親，很難想像這樣子的判決，該如何保護這些孩子們的未來？為人父母者，又得再花多少心力去擔憂子女的人身安全？司法應給予安分守法百姓的保障……網友譴責的聲音，無法更改一審的判決，也不能讓審案的三位法官因本案而下臺，但我衷心地期望，司改不是喊喊口號而已，而是確實地執行。[5]

曾香蕉看到的是原始判決？還是媒體詮釋的報導？就我的理解，有關林男遭到「輕判」的報導都是記者自行過濾、解讀的訊息，從未直接引用判決，一般人沒有機會、也不太可能讀到原始判決。所以，法官真是如報導所說的，以「未違反六歲女童的意願」做出判決嗎？就如高雄地院庭長李淑惠所言：

> 合議庭幾位法官在判決書裡，從頭到尾都沒說女童同意被性侵，這樣的判決在司法實務上並沒錯，完全是「法條適用問題」……這是法律爭議，也是立法不妥所致，應由立法機關修法處理。[6]

林男犯案的消息曝光，人人喊殺，而且想殺的不只是林男，還包括負責的法官。如果法官從未在判決書裡說林男是因「未違反女童意願」而被判刑，為什麼外界排山倒海的抨擊卻認定如此？

要瞭解這點，我們必須重新釐清整起事件的來龍去脈。

5 見正義聯盟官網，總召曾香蕉感言，二〇一〇年八月十五日，https://xteam.wwww.com.tw。

6 〈性侵輕判犯眾怒　高院：法條問題〉，《聯合報》，二〇一〇年八月二十六日。

二〇一〇年二月六日，林男在高雄地方圖書館旁，將一名陌生女童抱在腿上，用手伸進運動長褲裡，先是隔著內褲撫摸她陰部，並以手指插入陰道，直到路過民眾遏止林男為止。檢方依刑法第二二一條「加重強制性交罪」起訴，求刑林男七年十個月，但在一審時，高雄地方法院根據林男說沒有使用暴力，以及路過民眾表示沒看到女童反抗或求救，認為林男「無客觀明顯的使用強暴、脅迫等強制力手段」，決定改採刑法第二二七條「與未滿十四歲男女性交罪」，判處三年二個月徒刑。

高雄地方法院的判決理由，是林男「無客觀明顯的使用強暴、脅迫等強制力手段」，而不是「未違反六歲女童的意願」；也就是說，法官的重點不在於林男是否「有違女童個人意願」，而是他是否「做出強迫女童就範的行為」。對此，錢建榮法官提出深刻而清楚的見解：

> 刑法第二二一條第一項規定「對於男女以強暴、脅迫、恐嚇、催眠術或其他違反其意願之法而為性交者，處三年以上十年以下有期徒刑」。這條被稱為「強制性交罪」的刑罰法律，立法者在違反其意願之前例示「強暴、脅迫、恐嚇、催眠術」，也就是對被害人施以不論「物理上」或「心理上」的限制行為，不一定是要有形的

強制力，只要是足以證明違反被害人的意願的方法，就構成本罪……換言之，本罪的重點在違反意願的「方法」，而所以要證明有違反意願的方法，其實正是要保護人民不會因為無端的指控而入罪……只有行為人實行了限制被害人性自主決定權的行為，才能清楚地證明是否違反被害人意願，否則豈非空口白話？如果只要被害人空言指述違反其意願就判處被告重罪，我想這才是屈從於民意，不能堅守罪刑法定原則的「恐龍法官」。

細讀邵法官擔任審判長的最高法院刑九庭合議判決，**該庭要求原審法院查明的，正是被告「有無實行違反六歲女童意願」的方法，絕非要原審法院查明「有無違反六歲女童的意願」**，因為法官的腦袋與庶民沒有不同，三歲或六歲的女孩當然沒有性交的意願，這不用證明，依法也毋須證明，是媒體不明究理，自始就以「無法證明違反意願」來指控這些判決的法官，民眾更因欠缺資訊及判斷能力而隨媒體起舞，加上說不清的法院發言人，更因為最高法院去年因為媚俗而棄守立場的決議[7]，導致適用刑法第二二七條第一項的法官全成了恐龍法官。[8]

7 這裡指的是最高法院做成九十九年第七十四刑事庭決議。
8〈為恐龍法官喊冤——強制性交罪的爭議〉，錢建榮，《司法改革雜誌》第八十三期，頁十七，二〇一一年四月。

臺中地院法官張升星亦指出，整起事件之所以引起民怨的癥結，在於「立法不當，讓法官量刑不當」、「法官不像社會講得那麼笨，非要被害人極力反抗，才認為違反意願」、「對法官而言，從輕量刑，被告較不會上訴，可能涉及法官升遷問題。」9

一般認為司法審判給出刑罰就等於正義，而「重罰」就是伸張正義的最佳途徑。但若就法論法，這個案子重點在於被告有沒有進行強制行為，法官採取刑法第二二七條「與未成年男女性交罪」判刑，既不用判斷是否違反性自主意願，也可以保障涉案人不致受到司法的迫害，不過該條文最高可判林男十年，法官判的是三年二個月，這樣的結果或許不符民眾期待，但就法理而言未必有誤。只是民眾憤怒的情緒，讓不同聲音都被扣上「支持性侵犯」的大帽子，使得相左的意見淹沒在嘈雜的抗議聲浪中，終至消聲匿跡。

人們期待法官扮演包青天的角色，希望他們明察秋毫，將壞人處以重刑。但現代民主國家的法官不是包青天，只能盡可能探求真實，若是證據不足或證據有瑕疵，僅能就既有法令做出判決。民眾對判決結果不滿，逕自將結果簡化為法官個人疏失，如此嚴峻的輿論壓力，讓司法體制不願承擔不正義的汙名而決定「從善如流」，實在是可惜了。

「白玫瑰運動」顯示了媒體以聳動的標題，簡化的訊息，引發民眾對兒童性侵的恐懼與憤怒，急於在失序的世界追求秩序，放棄了追求真相時應有的質疑與覺察，並透過大規模的集結與高分貝的發聲，意圖改變司法既定遊戲規則。這種根植於不完整的資訊與不客觀的判斷，引發民眾對性侵的危機意識與安全需求，進而形成影響公部門決策的壓力。日後最高法院做成九十九年第七次決議，邵燕玲法官主動請辭大法官提名，以及高雄高分院改依「加重強制性交罪」判林嫌七年半，明顯就是「白玫瑰運動」產生的效應。[10]

法條是高度抽象、技術性的文字，文字必須抽象，才能涵蓋最大的行為範圍，不致出現無法處理的例外；法條也必須使用專業術語，才能除去常識語言中不確定的意義性。正因法條文字的抽象與專業，讓不明究理的媒體誤認法官以為「嫌犯未違反女童意願」，最後既誤導了民眾對判決的理解，更讓法官不得不屈從民意，決定重判林男。

白玫瑰運動參與者以為勇敢走上街頭，控訴不義，是把國家帶往更正確、更公義

9 〈民間白玫瑰運動　盼淘汰恐龍法官　監委提調查報告〉，葉素萍，中央社，二〇一〇年十一月十二日。

10 「白玫瑰運動」亦促成了修正《性侵害犯罪防治法》部分條文（二〇一一）及通過《法官法》（二〇一一），因這兩項法案與本文內容較無關聯，在此未多做討論。

的方向。但，事實果真是如此嗎？

在瞭解白玫瑰運動的始末之後，我們便能理解為何許案就算證據如此單薄，仍被判處有罪。

許案進入司法流程之際，正值「白玫瑰運動」方興未艾。在「重判性侵犯」、「淘汰恐龍法官」的呼聲不絕於耳的時刻，社會瀰漫著對性侵的恐慌、焦慮、憤怒與仇恨，即使已有處罰性侵犯的法令規定，民眾仍不饜足地要求對罪犯採取更重的刑罰。何況就連總統、副總統及司法部長都出面道歉了，試問有哪位法官膽敢冒著違背社會期待的風險，讓「性侵年幼女童」的許倍銘全身而退？

從下面這則報導即可看出媒體對許案的影響：

一名特教班老師利用教學，竟要求當時年僅八歲的弱智女童為其口交，經檢察官提起公訴後，被高雄地院依妨害性自主判處五年十個月徒刑。學校當時決議將這名狼師解聘，但解聘案竟遭縣府以不符程序，事證不夠明確等理由退回，導致狼師開學後仍留校園，直至有家長向本報投訴，經報導後，解聘案才過關。[11]

那時刑事庭已做出判決，縣政府以「事證不夠明確」，對許倍銘是否應被解職有所遲疑，直至「有家長向本報投訴，經報導後，解聘案才過關」，可見縣府是在外部壓力下才通過了解聘案。縣府在事證不夠明確時，不是主動查明真相，而是做出「符合民意」的決定，這種「順應民氣」的做法，對社會是福是禍？

人們不可能完全沒有同理心，就像我們不可能沒有憤怒、羞恥或仇恨的情緒。但有時同理心就像是聚光燈，光束範圍十分有限，只照得到特定對象，很容易造成偏誤。許案「年幼女童被狼師侵犯」的鮮明意象，很容易引發人們的同理心，但過於氾濫的同理心可能反讓判斷失準，做出不盡公允的決策。以許案來說，受害的巧巧不僅年幼，還是弱勢的智障兒童，就算她的證詞前後不一，也沒有其他補強證據，但時機的巧合、輿論的壓力，使得法官的心證逐漸成形；他們看到的許倍銘，就是一張犯罪的臉孔，即使他們全心全意相信的，未必就是事實。

二〇一一年十一月十一日，監察委員沈美真完成「白玫瑰運動調查報告」，指出社政主管機關與司法部門對性侵案相關專業與實務訓練仍待加強，並要求司法院、內政

11 〈性侵弱智女童　狼師重判五年十月〉，朱有鈴，《自由時報》，二〇一一年九月九日。

部、法務部檢討改進。她在報告中提出幾點亟待改進之處：

一、兒童遭受性侵害案件，受限於被害人的認知、表達、記憶能力與性侵害的創傷影響，易發生被害人難以陳述或前後陳述不一，司法實務認定事實不易，若承審法官對此未有充分瞭解，心證上易為不利被害人之認定，極易誤判。

二、引發輿論批評之相關爭議判決，因兒童遭受性侵害案件的特殊性，審判過程倘未詳加探究原因，極易誤判；又因現行法律構成要件限制，有法條適用爭議；目前相關案件多以刑法第二二七條量刑三年以上十年以下，輕重似有失衡，亦為輿論批評主因。

三、依《性侵害犯罪防治法》規定，性侵害案件應由專業訓練之專人辦理。但法院審理兒童性侵案件，空有專庭專股形式，但欠缺對性侵害被害人身心創傷及兒童身心發展之認識，有違立法意旨。

四、兒童性侵害案件有賴專業人員協助法院發現真實，避免誤判。但實務運作情形未能發揮預期成效，針對應否「逐案辦理早期鑑定」或引進英美法上

「專家證人制度」等建議，司法院與法務部對政策規劃、法制修定與執行細節，仍互存歧見，司法院、法務部與內政部等相關主管機關應儘速研商解決之道。

五、《刑法》妨害性自主罪章涉及兒童為性侵害被害人相關條文，適用上衍生立法不周之爭議，法務部宜廣納各界意見，妥適修法。

沈委員提出的建議具體而準確，且報告中並未媚俗地要求處以重刑。只是這麼多年過去了，報告中對誤判提出的意見，包括如何面對被害人難以陳述或前後陳述不一，相關人士欠缺對性侵害被害人身心創傷及兒童身心發展之認識，如何仰賴專業人員協助法院發現真實等問題，是否已有所改善？這些建議又落實了多少？

所以，在質問許倍銘為何被判有罪時，我以為這背後更深沉的叩問是，無辜之人何以會發生這種悲劇？他是唯一的犧牲者嗎？正義之路該怎麼走？是用冷靜與思辨？或是熱情與憤怒？

我也還在思索。

誰有罪？誰無罪？

判定兒童性侵案最困難的地方，在於兒童受害者的證詞是否可信。如果他們的說法漏洞百出、前後矛盾，又沒有其他證據足以證明犯行，基於「無罪推定」與「罪疑唯輕」的原則，被告不但會被輕判，還可能獲判無罪。但有時基於對兒童的不忍與同情，就算他們的證詞不盡可信，就算沒有其他證據，被告仍舊會被判有罪。

以下幾個判例[12]，說明司法系統在處理兒童或智障案件時，常因判斷不同而產生相異結果。

【A案】士林地院九十三年度少連訴字第五號刑事判決

被告被控以手指性侵未滿三歲孫女，法院判處被告無罪，理由是：

1. 被害人母親得知此事是經由傳聞證據，缺乏證據能力；
2. 被害人在接受警詢時說遭被告性侵，並以偵訊娃娃指出侵害部位，但其說法明顯受到他人影響，真實性無法被證實；
3. 鑑定報告證實被害人陰部有傷，但無法肯定是遭受性侵；

4. 精神鑑定報告指出被害人有創傷後壓力症候群，但報告中認定的情節與被害人在警局及偵查中的陳述差距很大，鑑定人已超越「判斷餘地原則」，顯示鑑定報告與鑑定證詞喪失了可信性；

5. 社工在訪談中認定的事實，在取證上有瑕疵，不得做為認定被告被性侵的佐證。

【B案】花蓮地院九十八年度訴字第五三一號刑事判決

七名被告被控誘騙十六歲中度智障少女發生關係，法院以「依其身心障礙之客觀狀態，對於異性之性交行為，應未達不能或不知抗拒之程度」，判處七名被告無罪，理由是：

1. 被害人精神鑑定為中度智障，經適當訓練有一定工作及社交能力，足見被害人因智能障礙容易受到利誘或脅迫，但未達到不能或不知抗拒的程度；

2. 被害人就讀學校每年都會安排性教育課程，被害人在演練時都是一百分，顯示被害人具備日常生活之應對能力，亦瞭解男女之別，就性行為並非無辨識或判

12 以下A、C、D、E案判決理由之簡要說明，引自〈走出信與不信的迷宮——論兒童性侵案之程序問題與改進之道〉，李佳玟，《臺灣法學雜誌》，頁六二—六九，二〇一一年十二月一日。

斷的能力；

3.被害人出庭作證時雖表達能力或組織能力較弱，但對男女之間的親密行為仍有相當羞恥感，在學校的學習亦有男女之防的觀念，對異性之性交行為，應未達不能或不知抗拒的程度。

【C案】臺中地院九十九年度訴字第二六二一號刑事判決

被告被控性侵同居女友的十二歲女兒，法院判處被告無罪，理由是：

1.被害人對性侵過程的描述前後不一；

2.被害人承認為了避免母親被家暴，捏造了性侵的事實；

3.被害人母親曾做出對被告不利的證詞，但對於相關細節的陳述前後不一，不足採信。

【D案】高雄地院九十五年度訴字第四二九八號刑事判決

被告被控性侵三歲女童，法院根據女童警詢筆錄與鑑定報告，認為被告有罪，理由是：

1. 女童年紀還小，心智發展尚未成熟，如果不是真的被性侵，應無法清楚描述性侵過程與被告的性特徵，判定被害人沒有故意誣陷被告的可能；

2. 被告家人與被告平日並無嫌隙，也沒有故意教唆被害人誣陷被告的動機；

3. 被害人在審判中的證詞與警詢時的說法不同，但鑑於被害人只有三歲，智力尚未發展完成，記憶力與成年人相去甚遠，如果時間久遠無法清楚記憶，判定被告在法院審理時對被告有利的證詞，應不足以採信；

4. 被害人在案發之後隨即接受醫院診療，鑑定證明被害人雙側陰唇有受傷紅腫，可見確實遭到性侵。

【E案】士林地院少年法庭九十二年度少連訴字第八號刑事判決

某托兒所負責人的丈夫被控強制猥褻三歲女院童，一審判決被告有罪，理由是：

1. 被害人在偵訊時，一致表明被告撫摸她的下體，並用偵訊娃娃明確指出受侵害部位，且被害人母親描述被害人遇到被告時有迴避、懷有敵意等表現；

2. 專家證人證明被害人沒有能力說謊，欠缺判斷時間的能力，反應或呈現的訊息或行為，都是生活經驗中有過的事物；

3.被害人父母不認識被告，雙方沒有任何恩怨，沒有動機誘導受害人誣陷被告。

此案在二審時（士林地院少年法庭九十二年度少連上訴字第二一八號刑事判決）卻被推翻，理由是：只有被害人的陳述及專家證人的鑑定，但被害人說法可能受大人重複誘導或誤導詢問。此外，即使鑑定人認為被害人不會說謊，但不能排除大人誘導而產生認知錯誤，最後因證據不足改判無罪。

檢察官不服二審判決，上訴至最高法院，最高法院撤銷發回二審判決（最高法院九十六年度臺上字第六〇二號刑事判決），理由是：鑑定人認為三歲小孩可能因大人誤導產生認知錯誤，原審並未詳究被害人陳述的哪個部分是受到大人影響，究竟說詞是全部與事實不符？或者是部分不符？最高法院質疑，如果事實審法院只因被害人有可能受到誘導便全盤否認他的說法，那麼未來幼兒性侵案將無一能成立犯罪。

本案發回高等法院後仍維持無罪，理由是：「勘驗被害人偵訊光碟，發現她的態度明顯是亂講……再綜合鑑定人對兒童證詞及被告不在場證明等抗辯」，最後仍判決無罪。（臺高院九十六年度上更（一）第一五四號刑事判決）

上面幾樁性侵案的判決理由大致整理如下：

	判決結果	判決理由
A案	無罪	●傳聞證據缺乏證據能力 ●被害人說法受到外界影響 ●鑑定人超越「判斷餘地原則」，鑑定報告與鑑定證詞已喪失可信性 ●社工取證有瑕疵
B案	無罪	●被害人未達到不能或不知抗拒的程度 ●被害人瞭解男女之別，並非無辨識或判斷能力
C案	無罪	●被害人說詞前後不一 ●被害人承認捏造事實 ●被害人母親說詞前後不一
D案	有罪	●被害人說詞前後不一，但證諸其年幼及記憶等問題，應沒有說謊 ●專家證人認為被害人沒有能力說謊 ●被害人父母沒有動機誘導受害人誣陷被告 ●鑑定報告證明被害人遭到性侵
E案	先有罪 後無罪	一審有罪理由 ●被害人的說詞可信 ●專家證人認為被害人沒有能力說謊 ●被害人父母沒有動機誘導受害人誣陷被告

	判決結果	判決理由
E案	先有罪 後無罪	二審無罪理由 ●法官勘驗警訊光碟認為被害人說法不可信 ●專家證人認為被害人說法受到外界影響 ●被告有不在場證明

這幾起案子除了B案因被害人年紀稍長（年滿十六歲，是智障但非兒童），適用法條與其他案子不盡相同，其他幾個案子判決無罪或有罪的關鍵，都在於被害人證詞的可信度。有趣的是，**同樣的證據或條件，卻因法官心證不同，而產生相異的結果**。

例如C案與D案被害人的陳述都有前後不一的問題，前者被告獲判無罪，後者被判有罪。為什麼？因為審理D案的法官認為就算被害人說詞不一，「證諸其年幼及記憶等問題，應沒有說謊」，所以判被告有罪。

E案的狀況更值得討論。一審認為被告有罪的理由，全被二審法官推翻。一審認為被告證詞可信，二審在勘驗警詢光碟後認為被告「亂講」，並認為專家證人「有誘導之嫌」，所以判被告無罪。

法庭講究的是證據，只要控方無法拿出有效的證據，被告不需要證明自己無辜，也不用證實自己的說法是真的，便可能獲判無罪。A案、B案、C案與E案的被告，都是基於這樣的原則獲判無罪。但D案與E案一審法官卻有不同見解，認為就算證據不足，在考量被害人年齡、沒有說謊動機等因素，仍應判處被告有罪。

若把以上判例與許倍銘案做個簡單比較，便可發覺其中有不少值得玩味之處：

	A案	B案	C案	D案	E案	許案
被害人說詞前後不一，不可信			○		○二審	●
被害人承認捏造事實			○			
被害人說詞前後不一，但證諸其年幼及記憶等問題，應沒有說謊				○		○
被害人未達到不能或不知抗拒的程度		○				
被害人瞭解男女之別，並非無辨識或判斷能力		○				
被害人說法受外界影響	○				○二審	●
被害人父母沒有動機誘導受害人誣陷被告				○	○一審	○
被害人母親說詞前後不一			○			

	A案	B案	C案	D案	E案	許案
傳聞證據缺乏證據能力	○					●
專家證人認為被害人沒有能力說謊				○	○一審	○
鑑定人超越「判斷餘地原則」，鑑定報告與鑑定證詞已喪失可信性	○					●
社工取證有瑕疵	○					●
法官勘驗警訊光碟認為被害人說法不可信					○二審	●
判決結果	**無罪**	**無罪**	**無罪**	**有罪**	**先有罪後無罪**	**有罪**

（說明：○為法官判處被告有罪的理由，●為許倍銘未被法官採信做為無罪的理由）

如果當年許倍銘遇到的，是像A案或E案二審的法官，或許就可獲判無罪。但他的運氣就是差了點，遇到的是像審理D案或E案一審的法官，因此被判有罪。這是現實，也是無奈。

冤案是我們生活的日常，沒遇到，算你運氣好。但生活在一個必須憑運氣好壞，才能證明自己清白的社會，究竟是幸，還是不幸呢？

人生如戲。但是當你成了戲裡的主角，總會覺得很不真實，尤其是自己竟成了冤案的主角。

例如陳龍綺。

龍綺的案子是我所知道最離譜冤案的前三名。二〇〇九年他與朋友聚會，先行離開以後，兩名朋友性侵了傳播妹。事後他以證人身分出庭作證，卻突然從證人轉為被告，原因是鑑定報告指被害人內褲上有兩名友人的ＤＮＡ，但法官「不排除有第三人的基因」，便將他一併定罪。

鑑定報告的結果是「不排除混有陳龍綺的ＤＮＡ」，這表示可能有，也可能沒有啊！陳龍綺不服，他上訴，被駁回，確定有罪。直到二〇一四年透過平冤會的協助向臺中高分院聲請再審，經過最新技術增加基因位（從原先的十七組基因位增加到二十三組）重新鑑判，確認「可以排除陳龍綺的基因」才改判無罪。這也是平冤會成立以來，第一起平反成功的案例。

獲得平反之後，司改會的蕭逸民打電話給他說，有人跟你有一樣的遭遇，你要不要來看看？

「我說好啊，就跑去了，」龍綺如此回憶，「那是我第一次知道許老師的案子，當下覺得，乎，這個很恐怖ㄋㄟˋ，比我還慘，家裡已經有人因為這樣掛掉了。後來才慢慢知道說，事情有這麼複雜！」

那日蕭逸民介紹龍綺與許倍銘認識，他第一眼就對這個敦厚樸實的年輕人有了好感。待聽完準備了厚厚一疊卷宗的衣婷律師說明案情梗概，他馬上就知道，這又是個倒楣到家的無辜者，跟他一樣。

「衣婷律師為這件案子所做的努力，真的會讓人嚇到。我對她不算是很認識，但我的感受是，很難得有律師正義感會這麼強！她個性比較剛硬，該做的事就會去做，我看到她對案子的用心，也感受得到她瞭解這個家庭的無辜，所以很不服氣，一直想幫他爭取。而且說真的，像我們這種自己走過一遭的人，看她把事情說得這麼清楚，就知道她已經做過功課了。我自己是沒有那麼專業到說去瞭解案子是怎麼樣，只是覺得同樣處在被冤枉的狀態，知道他真的很慘，因為後面還會拖多久，真的沒有人知道！」

龍綺的感慨不是沒有原因。起初，他也深信司法很快會還他清白，生活即將恢復常軌，沒想到一審就判四年，讓他當場傻眼。「那時我想說，我不是證人嗎？怎麼突然變成被告？我問法官說，DNA怎麼會這樣？你有沒有驗錯？他說，不然你找證據給我啊！」

面對莫須有的罪名，龍綺當然不服。他要求重驗DNA，法官認為不需要。他上訴，被駁回，他再上訴，又被駁回。判決確定時，他嚇得不由自主地顫抖——在監獄裡，什麼都得放棄，他的工作，他的家人，甚至他的尊嚴，這樣的屈辱，是忍，還是不忍？尤其當他聽說性侵犯進去是要接受「矯正」的，更讓他為之怯步。

「我是被冤枉的，為什麼要被關？性侵犯很難拿到假釋，要關很久，而且這種犯人跟一般犯人不一樣，因為有那個汙名，大家對性侵犯都非常鄙視、非常痛恨，在監獄裡會被人家摔啦、創空（暗算）啦哩哩叩叩，進去就會被人家『招待』⋯⋯聽說是這樣啦。如果是一般刑事案件被判四年，我早就進去了，反正被關個兩年，頂多三年就出來了。可是性侵入獄，不會有醫師敢簽你病好了，沒關滿不太可能出來，如果接受心理輔導，我也不可能承認，不承認就代表我不願矯正，就拿不到分數，無法假釋，刑期服滿，還要跟蹤治療，這太羞辱了。我有兩個女兒，是要怎麼跟她們交代？⋯⋯我被控性侵，其實真正被性侵的是我！」他咬咬下唇，難掩激動。

他決定抵死也不要被關，就算要被關，他寧可被拖進去，也不願自己走進去。不過他也清楚，逃亡的日子不僅將失去人身的自由，將失去免於恐懼的自由，更將失去剝奪了發展自己、自我實現的可能，而這樣的痛苦沒有任何出路。

然後，是一段不堪回首的逃亡過程。龍綺認為，既然是司法有誤再先，他不過是「執行司法不服從的基本人權」，並不是鼓勵大家逃亡。他以為，如果真的是犯人，逃得再久也不會得到平反，何況若不是司法錯判，誰無聊到好好日子不過，跟國家玩這種莫須有的「官兵捉強盜」遊戲？

「在逃的時候，我每天一直搜尋判我法官的名字，每天想的都是洪○○洪○○洪○○，心想，我怎麼會碰到這種人？他怎麼會害我這麼慘？被冤枉的人都有同樣的心態，因為走投無路，覺得世界上沒人幫你。以前很多人都會抬棺抗議，也沒用啊！反正都要死了，就要爆出來，我們每個（被冤枉的人）都這樣想過，一拚生死，反正都被害到這樣了。說真的，我真的是很想去法院埋伏，只是不知道要怎麼埋伏，可是真的是很恨啊，非常恨！尤其是看到家人那麼痛苦，就會想說，反正我已經要死了……後來還好沒有這樣做。」

權力之地如此傾斜，生死一線，只能搏命。

「許老師也這麼想過嗎？」我問道。我知道那段煎熬的日子，龍綺是他很重要的精神支柱。

「有啊！這就是司法把人逼到極端才會這樣嘛！沒有遇到之前，你不知道為什麼會那樣。我說我以前每天想去死，真的不是在討拍，真的是每天都活得很痛苦，這個比什麼破產、被人家壓榨什麼都還要慘。這是國家欺負你，你根本無能為力啊！你不是被一個人欺負ㄋㄟˋ，你是被國家公開欺負ㄋㄟˋ，輸給一個這麼大的體制ㄋㄟˋ，所以你會想說怎麼樣最後一搏，上新聞，讓人家知道我的冤屈，會有更多人去討論這樣……臺灣就是這樣的社會，出事了才會有人討論，我不跟你拚，跟誰拚？法官是人，我也是人啊，你怎麼可以把我欺負成這樣？我整個人身敗名裂，走投無路，不找你找誰？我這樣講出去人家可能會說，你怎麼這麼恐怖？我告訴你，等你遇到了，就知道了！」

逃亡那段期間，他花錢租了兩處房子，一處給妻子女兒住，一處做為自己藏身之地。隨時隨地都可能被捉的惶恐、分離與想家的思緒，讓他焦慮不安。更難堪的是，明明正值盛年，成天窩居在小公寓裡，整天過得心驚膽顫，什麼也不能做，也做不了。他緊張到無法呼吸，因為不敢就醫，自行買了鐵牛運功散，怎麼吃也吃不好。

為了避免發瘋，他不停翻閱著案情卷宗，希望找到平反的證據。他學會電腦打字與上網，自己組裝印表機，把網路找到的資料列印出來寄給律師。只是不管他怎麼想，怎麼看就是不明白，分明沒人說他性侵，就連受害女性都沒指控他，怎麼法院就這麼判了呢？

「很多性侵案沒有其他人在場，死無對證，像許老師的事就是這樣。可是我從頭到尾都有證人說我沒做，竟然還會『中獎』，真是太亂來了，對不對？」我想起再審宣判無罪那天，龍綺語帶哽咽地說：「我自始至終都喊冤，那天在現場的人都說我沒做，但就那位不在現場、坐在臺上的人認為我有做，所以我被定罪！」

原來他以為自己受苦，那也就罷了，直到連累了心愛的家人，才深刻體會到什麼是椎心之痛。

那是個燠熱的初秋午後，他在屋內待不住，決定放膽在蓮池潭附近慢跑，女兒騎著腳踏車在一旁陪他。父女倆來到一處斜坡時，女兒一不留神，腳踏車拚命直往下衝，撞上了柱子，頭上開了個口子，頓時血流如注。

「我第一個反應是打電話叫救護車，可是馬上想到，萬一這樣身分曝光了，怎麼辦？」他知道自己是全家唯一的支柱，冒不得一點風險，想了半天，才打電話請妻子趕來送女兒救醫，直到確定無礙才放下心來。眼見愛女受苦，自己卻什麼也做不了的痛，他一輩子都忘不了。「我是她的爸爸，因為這件事，我連送她去醫院都沒辦法……」

「你是怎麼撐下來的啊？」想到他那時的無奈，我的心像被重重搥了一拳，忍不住脫口而出。

「就……想辦法啊！」龍綺臉上浮現無力感，「那時每天沒有工作，又沒有錢，整個人快垮掉了。想找工作，沒有人會請你，在路上看人家在走，覺得自己跟別人不一樣的世界，當下我心裡想，我是跟這個世界隔離的人，我沒辦法生活，只能躲。還好我只逃了八個月，算短的，要不然大概活不下去了。」

「你真的有過『那種』念頭？」

「當然啊！一個月房租兩萬，又不能出去工作，快斷炊了，又不可能平反。」

「你那麼悲觀？」

「不是我悲觀，是事實就是這樣啊！那時沒有積蓄，只有負債，家裡什麼都沒有，走到這個地步，怎麼辦？只有死啊！」

我知道，他說的是真心話，只是如此殘酷的自白，真教人難以接話。或許是察覺我神色有異，他一改趕火車般急切的說話速度，緩緩解釋給我聽：

「不是我嘴巴喜歡講這種話，而是當下只有死這條路。知道不可能開再審，當下真的是覺得活幾天，算幾天，前面根本沒有路了。那時我憂鬱症、恐慌症都很嚴重，不能看醫生，沒有藥吃，每天都想跳樓。真的啊，每天站在二十二樓窗邊，很想說跳下去算了。」

後來，他無意中看到平冤會的新聞，心想，或許是平反的唯一機會，便主動與平冤會連絡，也幸運地被列入救援名單。只是這條路走來不總是順遂，起初他們找了位法官退下來的律師，對方看完資料後淡淡地說，這案子不必找我啦，反正做了也是浪費錢，平反的機率太小了。你們不知道有更冤的案子嗎？你這個喔，算小意思啦！

這還不是最讓人洩氣的。待法院總算同意用新的DNA鑑定技術開啟再審之門，開庭時審判長竟說，DNA是排除你了，但不代表你沒有做喔！龍綺不解問道，最新的DNA檢驗結果已經還我清白了，不是嗎？審判長說，可是酒是你花錢買的，買酒給女孩子喝，一定是有企圖嘛！

這樣的說法，讓他既感到憤怒、又覺得羞辱。「這我要怎麼解釋？什麼叫作買酒請人家喝，就一定有企圖？他還說，DNA排除了你也不用高興，這樣不代表你沒事。我講什麼，他就一直反駁，好像要把我『吞下去』一樣，我講什麼，他就一直反駁我。我想這下子死了，硬要咬我，怎麼辦？那時鑑定報告都出來了，結果他跟我講說，這個報告不用理它的意思，怎麼辦？反正我只要在場，就是共犯？這根本就不用解釋了，那時候我真的嚇死了，都快哭了。」

我問他，平反之後有法官表示歉意嗎？他瞪大了眼睛，像是在嘲笑我的天真。「我得到的就是十秒鐘，無罪，這樣，就沒了。你至少講幾句話吧？最後判我無罪，至少應該安慰一下吧！他們公開什麼都沒說，私底下怎麼可能道歉？這不是不負責任嗎？為什麼做人這麼冷漠？書讀到哪裡去了？我都歹勢說了，他們都當作沒聽到喔？做人的正義感到哪裡去了？這種態度不改，司法改革是要改什麼？我很想跟法官說，人生也做一兩件平反冤案，救救人家，如果畢生沒有救人的經驗，不覺得做這行很沒有意義嗎？羅律師（羅秉成）跟我說，日本有件冤案宣告無罪以後，他們三個法官起立向被害人鞠躬道歉[13]，日本有這樣的法官，我們呢？」

我想起當年民間團體救援蘇建和案時，最高法院特別召開記者會，一群資深法官一字排開對著媒體表示：「我們都是第一名畢業的法官，絕對不會錯！」但後來的事實證明他們錯得有多離譜。

冤案是有始無終。從「不排除」到「排除」，從「無罪」到「有罪」，龍綺的日子並

13 這裡指的是日本菅家利和的冤案。

末因無罪而恢復常軌，就如紀錄片《不排除判決書》[14]的片尾，他一面開著車，一面幽幽地說：「我身上要揹的東西有多少？全部都毀掉了，要重新開始，要怎麼拚？」那樣的口吻不是悲觀喪氣，而是真實的疑問。司法救援或許還他公道了，然而國家錯判造成生命缺憾的那一角，永遠也補不回來了。

「無罪」是他另一段人生的開始，接下來要怎麼過下去？他腦子裡一片空白，沒有答案。

「三月二十六日宣判無罪以後，我開始接受恐慌症的治療，吃了半年的西藥，轉看中醫。沒想到停掉抗憂鬱症藥物，幾個禮拜好像戒毒一樣，在家裡都昏天暗地的，很恐怖ㄋㄟ！」如今想來，仍是心有餘悸。

但龍綺終究是強韌之人，在重新打理新生活的同時，仍不忘關心其他冤案的進展。他認真讀《法官法》，發現法官位高權重，判生是生，判死是死，但他們也會犯錯，應該受到監督與評鑑才對；而且法官判案多採有罪推定，自由心證太重，實在是問題多多。他開始自發性地探視無辜的鄭性澤（他獲判無罪那天做的第一件事，就是去探望看守所的阿澤。雖說最後兩人沒見到面，龍綺特別寫了張小卡片給阿澤，希望好運也能降臨在他身上）、呂金鎧等，因為他知道，在既有遊戲規則底下，像他這樣成功平反的是少數，有更多無辜者依舊深陷無望之地。

「如果不是平冤會的話，我等於是沒有救了。臺灣冤案到底要誰來救？有些案子一看就知道錯得一塌糊塗，為什麼一定要等那麼多繁複的程序，才能放他們出來？他們也是人耶，家人都在旁邊等，小孩在旁邊等，是不是國家可以想一些方法來救他們？」

日後兩度赴美參加美國無辜者年會，與上百名世界無辜者共聚一堂的經驗，讓龍綺既受震撼，亦感安慰。「美國冤案好多，多到嚇死人，一堆耶！去參加的都被關了幾十年的無辜者，大家見面都說welcome home，我聽了覺得很感動，而且大家聊一聊都會哭，我覺得那是很好的抒發。這讓我覺得冤案不會停止，但我們至少要想辦法從源頭減少！」這幾年他積極參與救援，四處宣說平反經驗，二〇一六年他參加民間司法改革會議，有人批評是「政治大拜拜」，他倒是覺得「有做總比沒有好，要懂得滿足」。

雖然已是平冤會的指標人物，龍綺還是很擔心自己沒念什麼書，不會寫演講稿，不會做投影片，每次出去演講都「驚驚」，就怕表現不好。我說，不會啦，你講得很好，而且你「社會大學」念得很好，這就夠了。他笑笑說，也對啦，十八歲讀夜校時就在

14《不排除判決書》，施佑倫、林皓申導演，臺灣冤獄平反協會監製，二〇一四。

做水電，一個月賺七、八萬塊，算是很不錯了。

「我不是有錢人家的小孩，什麼工都學過，融會貫通，不過也很操啦。我常開玩笑說，我五月二號生的，五月一號是勞動節，二號早上七點出世就要上班，金牛座，又屬牛，一出世就是來做工的！」他開朗地笑了起來。

我以為龍綺的勞碌命不是與生俱來的，而是見識過世間苦難造就的生命基調。他說逃亡時從沒麻煩朋友，反正找也沒有用，也沒有勇氣面對他們，原本的人際關係斷得一乾二淨。「逃亡的人沒有伴，你要找誰？就算跟你很好的人，也沒有實質力量幫你一點點，嚇都嚇死了。像我最好的朋友，百分之百挺我的人，我去找他，他問我的第一句話是，啊你是在創啥舞甲按呢（你是在幹嘛搞成這樣）？我聽了很傷心。誰知道會這樣？他這樣問我，我要怎麼回答？他沒有意思要傷害我，但我聽了還是很難過。」

經歷過日夜躲警察的緊張恐懼，讓龍綺對身陷冤屈之海的人總是格外疼惜，這也是他極力促成平冤會設立無辜者關懷行動小組的起點，盡力關心當事人與他們的家人。至於三不五時就有人找上門來申冤，他更是來者不拒，傾力相助。

「有陣子我在市場擺攤賣小卷，記者跑來採訪，林進龍[15]的兒子看到，就托隔壁攤賣生魚片的老闆找我，希望我能幫忙。我要怎麼幫？我也不知道，可是我不能這樣說啊，就跟他說，我是被平冤會救援的，他們審案有他們的標準，不是那麼簡單。除了羅秉成律師，我不認識其他律師，我覺得這世界上最正直、最正義的律師，就是他了，我就說，不然你去找羅律師，不過他事務所在新竹喔，你要不要去？羅律師看完卷宗覺得可以打（官司），就接了，而且開的是佛心價，後來覺得案子有救援的機會，就直接轉到平冤會，他們就不用再花錢了。」

「你的角色好重要，被冤枉的人都會來找你。」我由衷讚嘆道。

「可是很痛苦ㄋㄟˋ，萬一幫不上人家什麼忙，怎麼辦？」

「這些人是怎麼找到你的？」我問他。

「就網路啊，我現在做清潔洗衣機的生意，臉書上面有電話啊！」

「你哪來那麼多時間做這麼多事？你都不用睡覺喔？」

「啊都來了啊，怎麼辦？」龍綺略顯無奈地說，「有一個最趣味的，是叫我去洗洗衣機，事前也不講，洗完了才跟我講，他很冤枉，要我幫他。我說，啊你直接講就好了，幹嘛叫我來洗洗衣機？直接來談事情就好了啊！還有人喔，直接跑到我家要找我，嚇

15 屏東男子林進龍被控走私海洛因判刑十八年確定，不甘蒙冤逃亡六年，後經平冤協助聲請再審獲准，遲至二〇一八年經高雄高分院認定罪證不足，改判無罪。

到我媽不敢開門，打電話問我怎麼辦。」

「好危險！」我忍不住說道。

「是還好啦，因為我們也沒有在做壞事。不過他們想來就直接來，很恐怖ㄋㄟˋ！」

「人家都跑來找你，表示你是值得信任的人啊！」

「但是當下我都幫不了他們的忙，所以壓力很大……我實質上沒有辦法幫助他們啊！」龍綺說他是做工，不是做知名度的，身為平冤指標性人物，或許既是助力，也是壓力吧。

「當年你在逃的時候，未必需要的是實質的幫助，而是需要有人相信你，不是嗎？」

「話這麼說是沒錯啦，可是人家問我接下來怎麼辦，我都不知道，有時候知道不能怎麼辦，又不能跟他們說，那才痛苦……沒有救援方向，也沒有機會，每天想一件就煩一件。」

無辜者如同在與世界對抗，沒辦法確認誰是敵人，誰是同志，沒有信賴的人吐露過往，只能把逐日增加的悲傷帶進夢裡。正因如此，在認識、瞭解了許倍銘的冤屈之後，龍綺很心疼這個「很斯文、很禮貌、很古意，一看就是讀冊人」的年輕人，很想助他一臂之力。可是他一個外人，說要幫忙，能幫的也有限，除了加油打氣，他還能做什麼？

「那時許老師的狀況是什麼？」

「很無奈、很痛苦、很無力感，也會哭……一定會的啊！」

所以在得知許倍銘決定逃亡，龍綺很能理解那樣的心情。「連我這種人都不敢進去（關）了，何況是許老師這麼斯文的人？我想就算幫不了他，至少當他朋友，理解他的決定！」

如果沒犯罪，為什麼要逃？這是許多人的疑問。但這個問題不該由無辜者來回答。沒犯過罪卻成了罪人的人，若是面對平反無望，該怎麼辦？怪社會不公平？人生不公平？還是人無法與天鬥？如果司法體制理解這樣的不平與痛苦，願意開啟更多補強救助的機制，誰想要躲躲藏藏？如果有路，誰要逃跑？就算真逃了，又能怎麼樣？忍受寂寞、孤單與長時間的自我質疑與否定，預期清白的到來，總是超乎想像的延長再延長，這樣的代價，誰付得起？

原先，我不太理解許倍銘為何選擇逃亡，直到聽了龍綺訴說過去的輾轉流離，才約略體會那樣的心情。是啊，一個清清白白的人莫明其妙被冠上「性侵犯」的標籤，成了警察眼中的犯人，眾人眼中的惡人，千夫所指的惡棍，他想逃，是自救的手段，是為了證明自己無辜，這是他的選擇，他的權利，外人能說什麼？何況接下來的路，是地獄？還是陷阱？沒有人知道，總之，不可能是美麗的天堂。但無論結局是什麼，他都必須概括全受。

這場賭局並不公平，許倍銘仍決定冒險一搏。這是一個被推上風口浪尖的老實人，所能做出最不卑不亢的回擊。

從此，許倍銘成了行方不明的「逃犯」，而我們對於體制合法地將這樣一個無罪之人定罪，竟然束手無策。

六、罪與罰

深淵

所謂「冤案」，冤的不只是一個人，而是一整個家庭，而他們向來是沒有名字的人。

我在「倍銘加油」親友團寄給冤獄平反協會的陳情文件中，看過許倍銘的妹妹阿婷寫的一段話：

收到三審定讞的判決，其實我們很絕望，因為我們所相信的司法，竟然一次次傷害我們的心，也奪走了我們最愛的媽媽，爸爸在一年後也隨媽媽而去了……老天為什麼要對哥哥這麼殘忍？為什麼要讓他承受這麼大的委屈？……有時候想到哥哥的委屈，都會想說，既然這個社會沒辦法收留我們，說不定我可以提早去陪媽媽和爸爸，因為我真的很想念我的爸爸媽媽，沒有爸爸媽媽與哥哥的世界，又有什麼意義呢？到底需要多少條人命，才能換回哥哥的清白？

直到接觸到司改會的蕭祕書，蕭祕的一句話讓我有繼續活下去的動力，他說：「如果就這樣死了，大家會怎麼想？以死明志？畏罪自殺？唯有活著的人才有辦法證明自己的清白，洗刷自己的冤屈。」可是這條路充滿了荊棘，不知道哪一天才能撥雲見日？如果毅力撐不下去，該怎麼辦？我們從不求大富大貴，只期待有一天，有那麼一位青天可以還給我們，原本就屬於我們的平靜生活！雖然對於爸爸媽媽不能繼續在身旁陪伴著我們，還是會很難過，可是至少還給我哥哥一個清白，讓爸爸媽媽在天上可以不要再為我們操心……

我知道許媽媽因憂慮過度驟逝，離開時才五十八歲，怎麼連許爸爸也走了？我向衣婷律師確認此事，她說，對啊，許爸爸原來身體就不太好，都是許媽媽在照顧，許媽媽死了以後，許爸爸也撐不住了……他們家，真的就是家破人亡啊！

第一次見到阿婷，想起她的遭遇，陡地難過起來，很想說點什麼安慰的話。話還沒出口，她淡淡地說：「聽說你想寫我哥的案子喔？我有上網去查過你，你好像都是比較站在受害者的立場……不過，也沒關係啦，專門寫狼師的人要寫我哥的事，也很好。」

我有點尷尬地苦笑起來。但是，能怪她嗎？自從哥哥被釘上「性侵犯」汙名的那一刻起，她肯定嘗盡世間人情冷暖，飽受外界異樣眼光。事情都過了這麼多年，突然有陌生人說要書寫案情始末，不是很奇怪嗎？尤其是像我這種「老是站在受害者立場」的人？

她以冷靜的口吻訴說案情，眼裡卻藏不住無言的憂傷與對人世的質疑。那時現場鬧烘烘的，很難好好談話，我問她，什麼時候方便，找個時間跟你聊聊，好嗎？她似乎有點猶豫，終究還是同意了。

事後我跟龍綺說，阿婷看起來好冷靜喔。「那是因為她已經哭完了啦，」他說，「以前只要有什麼場合或什麼機會，一說到許老師，她就哭，因為是真的很委屈啊！現在她可以比較冷靜，是已經度過那個階段，可以克制了。」

或許冷靜未必是她的天性，只是原先的無憂和天真，已被冤案給消耗殆盡了。

與阿婷較為熟稔後，我發現她的個性率直爽朗，很討人喜歡，即使偶爾情緒湧起，也全是為了哥哥的事：

「那個小朋友平常是住在阿公家，阿公是開神壇的，出入分子很複雜，性平調查的時候，小朋友也提過有個抓雞的阿伯跟她玩捉迷藏，為什麼沒有人去調查這個阿伯？小朋友的媽媽在警察局提到我哥哥的時候笑得那麼開心，還說『許倍銘老師帥帥的』[1]，如果她相信是我哥哥侵害她的女兒，怎麼可能這樣？還有，出事的教室是公開場所，小朋友走來走去的，而且對面就是便利超商，從超商往教室看一覽無疑，怎麼會有人笨到在那裡做那種事？這是光憑常識就知道的事，法官竟然跟我哥哥說，你知道不會有人經過，所以才會做……誰知道什麼時候沒有人經過？」

「當初我們以為法律會還我們清白，沒有做就不用怕，可是我現在的感覺是說，司法怎麼這麼黑暗？本來我們對法院的感覺是崇高的，後來才發現不是這樣，他們為什麼不能有多少證據，說多少話？這件事不只傷害了我哥哥，傷害了我們的家族，也傷害了那個小朋友。如果她是不小心看到A片，隨便說了一句話，之後大人又一直穿鑿附會，誤導她相信自己被傷害了，這樣的假性傷害對她好嗎？如果性侵她的是另有其人，司法這樣縱容性侵犯，卻傷害到我哥哥及我爸媽，這樣對我們公平嗎？」

她又快又急地說了一長串，像是想把埋藏已久的無助與無奈的心情，一股腦兒地傾洩而出。我在心裡嘆了口氣。

阿婷說，他們全家都相信哥哥的清白，只是不敢對外說，也不知道該怎麼說，年邁的阿嬤又不想張揚，事情就這麼拖了下來。「其實我們阿伯就住在隔壁，我媽對他什麼都沒講，佛寺有位師姐常來我家，跟我媽無話不談，我媽也沒提。直到媽媽過世了，

---

1 根據警詢譯文當時的對話如下：
員警：「許倍銘老師長得怎樣？有沒有帥帥的？」
巧巧：「沒有。」
社工：「沒有喔？」
巧巧：「沒有。」
員警：「有沒有很年輕？」
媽媽：「你知道什麼叫作帥帥的？」
巧巧：「帥帥的。」
員警：「有沒有高高的？」
巧巧：「沒有。」
社工：「胖胖的？胖胖的還是瘦瘦的？」
巧巧：「胖胖的。」
社工：「胖胖的，你認識嗎？」
媽媽：「他瘦瘦的，他也長得帥帥的。」（笑）
社工：「長得帥帥的喔？」
媽媽：「很帥，很斯文，我有看過一次。」

師姊才我們說，以前經過我們家常聽到媽媽在哭，問她發生什麼事，媽媽都不說，眼淚擦擦又繼續說話……」

儘管他們低調不張揚，卻也絕對的沉重痛苦。

與許家熟識的彭師兄透露，那陣子阿嬤見到人除了哭，還是哭，直到許媽媽過世了，他才得知家裡出了大事。「他們就是很單純、很保守的家庭，發生這樣的事，根本開不了口，覺得很見不得人。一直到判刑確定，已經走投無路了才說出來……」彭師兄輕嘆一聲，「我第一個反應是，怎麼到現在才說？現在才要救，已經太晚了！」

如果許倍銘是經常惹事生非的人，發生這樣的事，或許還有跡可循。偏偏他從小就是循規蹈矩，本本分分的人，這樣的人說他性侵小孩？沒有人相信。眼見阿嬤天天以淚洗面，整個家庭陷入孤立無援的狀態，彭師兄實在於心不忍，決定出面助他們一臂之力。

彭師兄與許家人是佛寺同修，尤其受到阿嬤的信賴。他與許倍銘沒有私交，對這件事也不是沒有疑問，畢竟人們總以為警察只會抓壞人，不會冤枉好人，不是嗎？

「我當面問過倍銘有沒有做？他斬釘截鐵地跟我說，沒有。說真的，我不是沒有懷疑，後來是資料一直看看看才覺得說，奇怪，小孩子隨口說了一句話，怎麼就變成性侵？犯人為什麼直接跳過爸爸、阿公、哥哥、鄰居叔叔，直接變成學校老師？還有那個L老師，她說自己很謹慎，但是我高度懷疑，短短半小時就能從智障小孩口中問出這麼複雜的事，她是怎麼做到的？」

瞭解了事情來龍去脈，彭師兄以為救援行動率先必須跨越的關卡，不是外人，而是許家親友。「我不知道這樣講妥不妥當，那時候我的感覺是，他們覺得倍銘應該有做，不然怎麼會被判刑？這是一個很弔詭的狀況。倍銘他們擔心別人誤會，所以不敢講，可是別人卻認為是他有做才不敢講，等到他們想說，也不知該從何說起，而且也沒人要聽了。」

彭師兄鼓勵許家人，既然沒做錯事，就把頭抬起來，不要一副見不得人的模樣。他逐一向許家親族說明原委，串連佛寺信眾對外求助，尋找資源，與衣婷律師分進合擊，將一份份陳情書寄給立委、監委、教育部官員、法學教授、性平專家，所有想得到的個人及團體，他們全寄了，有人善意回應卻幫不上忙，有更多人則是置之不理。直到司改會與平冤決定接案，彭師兄才暫時放下忐忑的心，交由專業救援團隊處理。

那段四處奔走的日子裡，彭師兄大量接觸了法界、醫界、警界、學術界、教育界、社工界、宗教界人士，每個人都說這案子罪證薄弱草率，疑點瑕疵重重。他不明白，既然大家都這麼說，為什麼歷任法官仍不願仔細審視對被告有利的論點？他想了又想，覺得這裡頭牽涉到太多專業和積非成是的慣例，包括特教法規的周延性、精神醫學中弱智輔導技術與溝通效度、教師涉入採證指認的合法性、社工封閉式誘導的合法性、性平會的法律地位、專家證人應否具結、兒童證詞的可信度、弱智兒童證詞的可信度、記憶能否被誘導與植入等。如果法官以心證代替了這些專業，不願意、甚至拒絕引入這些客觀公正的專業能力，等於是把真相也拒於門外了。

這案子的荒謬性早已不言可喻，可最讓我吃驚的，莫過於阿婷告訴我，那時學校校長私下找了村長去拜訪巧巧爸媽，希望對方高抬貴手，同意和解。

「什麼？」我忍不住叫出聲來，「是你們要求的嗎？」

「當然不是啊！」

「校長事前跟你們說過嗎？」阿婷搖搖頭。

「你們是怎麼知道的？」

「是哥哥女友的媽媽聽村長說的，」阿婷告訴我，「後來我們去問村長，他說校長跟他說學校出事了，要他一起去找家長看是要怎麼處理，如果有心和解的話就說一下，這樣就了結了。」

怎麼會這樣？

或許校長與村長是基於善意、怕事，或各種說不清楚的原因，選擇了大事化小，小事化無。他們以為這麼做是顧全大局，反而讓半信半疑的巧巧爸媽確認巧巧受害的事實，而侵害她的人，肯定就是許倍銘！就這樣，整件事便一路偏離了無罪推定的軌道。

當了一輩子模範生的許倍銘，在青春正盛時重重摔了一跤，內心的沮喪可想而知。家人擔心失去教職的他生活沒有重心，替他開了間飲料店，不知情的親友問他，你好好的老師不做，為什麼要開飲料店？難道開這個卡好賺？許倍銘答不上來，只能苦笑以對，心裡卻在淌血。幸而有女友一路支持，陪伴他走過最低潮的時光。

「有一次要去開庭，哥哥開車，女友坐在旁邊，大概是壓力太大了，心臟突然停了，我們都嚇死了，趕快幫她在車上幫她做CPR，幸好救回一命。後來她有人群恐懼症，只要到人多的地方，就會緊張得喘不過氣來……」阿婷眼神一黯，輕輕說道：「後來哥哥擔心耽誤她的前途，兩人就和平分手了。」

沒有人瞧得起性侵犯，更不屑與之為伍。就算許倍銘自認無辜，仍背負著犯罪者的汙名，這樣的痛楚有如無底洞、有如地獄，而他不想當地獄的導遊。眼看親友為了自己鬱悶煩憂，意志消沉，許倍銘既自責又困惑，漸漸的，他變得像是沒有憤怒、沒有愛、沒有恨，什麼都沒有。

「那陣子哥哥整個人就像是『散』了一樣，問他什麼都支支吾吾，很不進入狀況。彭師兄跟我們說，有次他沒有麻醉就拔指甲，那種痛啊，真的是痛到昏倒，彭師兄想到說，哥哥應該就是這樣，面對那麼多不合理的情況，那種痛到快休克的感覺，只好痲痺自己，這樣才能夠撐下來……」阿婷頓了一下，繼續說道：「人到絕望時還必須活下去，那真的是只能用『苟延殘喘』來形容。我們理解了以後想說，只要他活下來，好好地活下來，就好！」

無罪對於清白的人來說有多重要？旁觀者永遠不知道是什麼樣的感覺，只能猜測，那大概是一種超乎想像的疼痛吧。身心被折磨到不堪承受的地步，許倍銘讓自己沒有感覺來逃避現實，或許這是種保護的心理機制。試想有一個人，因為莫須有的罪名而失去了他的工作，他的家人，他所擁有的一切，他成為一具軀殼，忘記了尊嚴，只剩下痛苦。他找不到任何的語言文字來表達承受的屈辱，於是，他變得愈來愈沉默，愈來愈沉默。

「媽媽走的那天是哥哥發現的，後來他變得更消沉了，幾乎足不出戶。爸爸早上出門之前都會買好早餐，放在哥哥房間門口，雖然什麼都沒說，但我想哥哥知道，爸爸是想代替媽媽照顧他。沒想到，爸爸突然就走了，然後，哥哥也離開了……」阿婷抑制不住地流下淚來。

既然磨難無法逃脫，阿婷只能接受，撫著滿身的傷痕，學習人生最難的課題。她把情緒擱在一旁，挑起所有家務與平反工作。「以前都是媽媽在煩惱，壓力也都是她在承擔：既然爸爸媽媽都走了，我覺得，我必須扛下來！」

家中一連串的災厄，讓阿婷的心彷彿有一半死了。她的快樂死了，希望也死了。她沒想過要找誰算帳、喊冤、或是討公道，她要的只是清白，只是真相。然而黑夜驟臨，來日悠悠，未來要怎麼過下去？但阿婷也明白，他們遭逢的挫折不少，承接的善意更多，「陳大哥（龍綺）很瞭解我們的處境，是真心在關心我們，我真的很感謝他！」

龍綺說過，被冤枉的人太多、太多了，不是有理說不清，就是連說的機會都沒有，只有極少數「被雷劈到」的幸運者，才有機會訴說冤情。深知自己是「被雷劈到」的人，遇到同樣身陷冤屈的人，他總是不吝於伸出援手，尤其是阿婷與許家人，他更是格外憐惜。「那種痛苦，真的只有我能瞭解啦，我不幫他們，誰幫他們？」

那樣難以言說的心情，只有身處同樣處境的人才能解讀。二〇一七年龍綺擔任召集人的無辜者關懷行動小組成立，透過監所探訪、陪伴開庭等方式，與無辜者一同走過等待平反的長路，也成了陪伴阿婷全家度過煎熬時光的支柱。透過成員彼此經驗的分享，阿婷慢慢瞭解司法體制的瑕疵與漏洞，也逐漸發現被體制碾壓的無辜者並不在少數；而無辜者及家屬之間的相知相惜，建立起親如家人的關係，也讓她在面對生活種種必須操煩的瑣事之餘，知道仍有人看到、理解她的痛苦，她知道自己不是孤單的了。

面對人生困境，阿婷已漸漸摸索出自處之道。唯有一事她放心不下，就是年逾九十阿嬤的身體狀況。

「媽媽在世的時候有問過阿嬤，是不是請佛寺的人幫忙救哥哥？阿嬤覺得這麼不名譽的事，不要講出去比較好。後來阿嬤很自責，覺得是這樣才沒救到哥哥，只要想起來就掉淚。昭如姐，我好擔心她身體會受不了，我們真的沒有辦法再承擔失去親人的痛苦了……」

「我瞭解。可是你得學著慢慢放下對阿嬤的擔心。」

「我知道，可是好難……」

我在阿婷陪同下見過阿嬤。原先我擔心老人家見了我，情緒會過於激動，阿婷說，阿嬤可能會觸景傷情，會難過，可是知道有人在關心哥哥，她會很開心。

許阿嬤的身軀小小的，乍看之下弱不禁風，炯炯有神的雙眼卻透露出修行人的攝受力。耳背的她聽力不好，說起話來一再重複，她不斷告訴我：「如果咱有做，咱會承擔，咱袂像這馬遮爾艱苦！」然後，她咬著牙狠狠地說，那些讓倍銘蒙受不白之冤的人，是「毒虎毒蛇，刣人免拿刀」！

阿嬤是慈悲、柔軟、隨緣自在的長者，眼看平反無望，甚至一度考慮上街頭抗議，她說，好好一個人被冤枉到這個程度，她決定豁出去了！直到平冤會向她分析街頭路線的利弊得失，她才不再堅持，只是那樣的椎心之痛，從未消失。是啊，她老人家吃齋念佛了大半輩子，幫助芸芸眾生脫離世間苦痛，唯獨孫兒遭逢橫禍卻使不上力，讓人怎麼甘心？

「哥哥離開前跟阿嬤說，你要好好保重自己，我回來以後，一定還要看到你……」阿婷說，「每次想到哥哥這句話，真的對他的貼心感到不捨。這麼好的一個哥哥，為什麼要讓他承受這麼大的委屈？什麼時候才可以還哥哥一個清白？」

在阿婷印象裡，哥哥不只是她與弟弟最親近的玩伴，更是最體貼的兄長。他們一起出去玩，永遠是哥哥負責拿主意兼買單，他們只要兩手空空，跟著哥哥走就好。小時候阿婷膽子小，很怕鬼，在外頭玩耍最怕落單，哥哥總跟她說：「不怕，哥哥走最後面，鬼鬼要抓人的話，抓哥哥就好！」每當兒時點滴浮現腦際，想起如今不知流落何方的哥哥，總是讓她感傷。難道他們兄妹的情分，真的就這麼淺？

前陣子，阿婷在臉書上貼了一段話：

以前經痛很嚴重的時候，

哥哥總會帶一杯溫的沖繩黑糖鮮奶給我。

我如果沒痛到躺在床上休息，哥哥就會拿到房間給我；

如果我痛到躺在床上時，哥哥就會把溫飲掛在門口把手，輕敲幾聲房門再離開！

這些年，不知道是身體變強壯？還是心痛大於身痛？

感覺經痛不再那麼強烈了！

每當肚子悶悶，隱隱作痛時，總是特別想念哥哥……

哥，你現在過得好嗎？

原來我認識的許倍銘，只是調查報告或判決書上用文字堆砌起來的人，透過阿婷的娓娓訴說，許倍銘成了有血有肉、有情有愛、會憤怒憂傷、會灰心喪志的人。這樣一個平凡人，被冤屈的巨變推擠著，成了人神共憤的性侵犯，而我們總以為人們被判刑，肯定是自找的。

日前收到彭師兄來信，他說：

> 在尋求奥援的過程中，各專業領域和一般人士（如「倍銘加油」網站），為數成百上千，每一位出心出力出錢的同情者、支持者，都等於點亮了最陰暗的角落一線光明與希望。這種看似微不足道的關懷，正是極度孱弱的冤案家屬莫大的支持。我常想，這段充滿挫折與絕望的漫長過程，若是沒有這些關懷者、同情者、支持者，一點一滴、一個接一個的出現，給家屬天使般的呵護，倍銘及他的家屬，甚至是救援者，是否能撐到今天？法院一個輕率的判決，耗費了社會千萬倍的人力物力時間都還難以導正，更遑論彌補受冤的家庭了。這樣的司法體系，正義和公理何在？
>
> 冤案比凶殺案更嗜血、更害命！冤案對受冤者和家屬，是一種慢性謀殺，而促成冤案的人，無論是法（官）檢（察官）醫（師專家證人）證（一般證人），也都不自覺地變成了慢性謀殺的共犯。凶殺案（除了變態連續殺人犯或隨機殺人犯），一

般都只有一次性的殺傷力。盛怒之下的錯誤，往往伴隨著懊悔，不易再犯；但冤案，不見血光，不見立亡，卻能慢性謀殺一整群相關的人……

正義逸出了軌道，何時得以回歸正常？風風雨雨之後，無辜者何時才能重獲自由與清白？

十年了，青春就這樣過去了，許倍銘的親友仍然在等待一道曙光，一個讓真相大白的機會。但時間有如一場殘酷的賽跑，他們還沒走到終點，卻發現遠處只剩下灰黯的夕陽。

救援的深水區

冤獄平反協會成立以來接獲上千起申訴案，其中有四分之一是性侵案，救援名單卻只有個位數，平反成功的也只有陳龍綺。為什麼？

通常性侵案是這樣的：一方聲稱遭到性侵，另一方否認，雙方各執一詞，除非有明確的證據（如DNA），外人很難斷定孰是孰非。正因性侵案的本質是隱蔽而幽微的，除了被害人的供述之外，多半缺乏直接證據，法官經常必須藉由測謊、驗傷、DNA檢測或精神鑑定等來釐清事實，渴望真相能清清楚楚、明明白白地呈現出來。

這類的科學鑑定真能讓真相浮現嗎？理論是這樣，現實卻未必如此。

先說測謊。

測謊的基本原理認為，人在情緒起伏的時候會產生血壓上升等反應，透過分析受測者的生理反應，可以得知對方的心理狀態及是否說謊。這個理論的前提是假設人在說謊時會不自覺產生心跳加速等反應，若是受測者保持冷靜，便有機會改變測謊的結果，即使是無罪的人也可能因緊張而被認為在說謊。學界早有多人指出，人不會每次說謊時都會出現相同生理反應，所以測謊結果在法庭上是否具有信度與效度？值得存疑。[2]

平冤會處理過一起案子是這樣的：某成年智障女性翹家多日，在母親追問下坦承與朋友在一起，母親懷疑這位朋友性侵了女兒，對方卻說性侵的不是他，而是某甲。某甲雖矢口否認，卻因兩次未通過測謊，被判處七年四個月徒刑。

2 受測者的生理變化和有無說謊之間，並無法認為具有當然的關聯性。司法院在二〇一九年二月二十日舉辦的「刑事訴訟法鑑定部分條文修正草案」公聽會中已明示，測謊的結果不能做為證據。

平冤會接獲申訴之後，認為此案疑點重重。

首先是被害人證詞的可信度。被害人在做筆錄時的說法顛三倒四，不只時間、人物等細節說不清楚，陳述時面帶微笑，還不停回頭看媽媽，像是在徵詢她的意見。平冤會請趙儀珊教授分析被害人的筆錄與逐字稿，認為被害人的陳述很可能經過暗示或誘導，可信度不高。

另外，二審之後某甲被姊姊帶去做智力檢定，才發現他是中度智障，而中度智障者的測謊結果自是不足採信。平冤會以醫院出具的智障診斷書提出再審，沒想到竟然被駁回了，理由是：「施測當下是否智力不足，無從判斷。」意思是就算現在某甲被鑑定是智障，不代表他接受測謊時是智障。問題是，除非是罹患失智症，一個人的智力怎麼可能一、兩年突然從正常變成智障？這樣的理由，實在教人感到驚異。

其次，是驗傷的問題。

被害者下體的驗傷報告是性侵害判決中常見的證據，但實務上已有諸多案例顯示，性侵害未必可經由醫療檢查出來，且從事性侵採證的醫師不見得具備分辨性器官正常與否的解剖構造知識，導致驗傷報告的結果未必可信。

某乙案就是個例子。他被十二歲的繼女控告性侵三次（小一、小四、小六各一次），醫院出具的性侵驗傷報告顯示女童「處女膜不完整」，檢察官發函給醫院要求說明「處女膜不完整」的意思，院方的回覆是「代表有發生性行為」。

造成處女膜不完整的原因有太多種可能性了，院方是根據什麼認定「處女膜不完整」就等於「發生性行為」？根據研究，二〇五名遭男性性侵害的女童之中，有五四％性器官檢查正常，四六％則有明顯被侵入的證據[3]，可見這兩者之間未必直接相關。但通常基於尊重專業，法官多半會採納驗傷診斷書的結論，進而推論性侵應當屬實，某乙在二、三審均被判有罪，就是這個道理。

平冤會詢問過不少婦科醫師意見，沒人能證明發生性行為一定會造成處女膜不完整，可見該份驗傷報告並非毫無瑕疵。平冤會輾轉連絡上控告繼父的女孩，她坦承當時是已與繼父離婚的媽媽要她這麼說，她才會提出控告。事後她非常後悔，很想將爸爸自牢裡救出來，但一切已經太遲了。

還有，就是PTSD（創傷後壓力症候群）的診斷。

PTSD是指對極端壓力產生的嚴重焦慮反應，包括易怒、驚慌、失眠、恐懼等。

3〈兒童性侵害評估〉，李健璋，《臺灣醫界》第五十四卷第五期，頁十二—十三，二〇一一年五月。

許多被害人在被性侵之後出現PTSD，法庭也常以此做為性侵案的補強證據。被害人經歷重大創傷可能會出現PTSD，但如何斷定PTSD是源自於性侵？並沒有一套標準。況且，醫師診斷被害人是否經歷重大創傷，必須高度仰賴被害人的陳述內容，法院以診斷結果做為補強證據，難道不會淪入循環論證的陷阱嗎？

某丙的案子就是如此。某丙被控性侵友人十四歲的女兒，一審法官認為被害人證詞前後矛盾，且有許多違背常理之處（如被害人稱遭到侵害一年，卻沒有對外求助，直到與某丙發生言語衝突，次日突然聲稱被性侵），做出無罪判決。二審時因某療養院出具的精神鑑定報告認為被害人有PTSD，且「應係此性侵事件導致」，法院據此以強制性交罪判刑六年四個月。

醫學鑑定只負責診斷是否有PTSD，並無從判斷PTSD的來源，該療養院是如何推論被害人的PTSD源自於性侵？平冤會為此發函衛福部，衛福部的回覆是：「創傷後壓力症候群與壓力大小、種類無絕對關係，且與個人生理、心理特質有關。單以症狀或診斷，推估個案是否經歷某種創傷事件，尚有不宜。」

顯然，衛福部也同意醫學專業不應擅自鑑定PTSD成因，但類似案例仍舊屢見不鮮。

以某丁的案例來說，他被控趁機撫摸年幼姪女下體，一審獲判無罪，二審時檢方請醫院替被害人進行精神鑑定，在確認沒有ＰＴＳＤ之餘，竟在報告中逕自加上「整體會談與心理評估，少女所呈現的資料與所陳述的內容可信度高……疑似性受虐兒童」。這個鑑定導致即使某丁通過了測謊，被害人下體也驗不出傷，最後仍以猥褻罪被判刑。

法院委託醫院診斷當事人是否有ＰＴＳＤ，並不是要求診斷是否發生性侵。既然當事人沒有ＰＴＳＤ，院方又何必越俎代庖，做出「疑似性受虐」的結論？這難道不是與巧巧的精神鑑定如出一轍嗎？

某甲、某乙、某丙、某丁的案子並非特例，而是平冤會眾多類似案件中較可能平反的代表。當事人都是根據包裹著科學外衣的證據而被判刑，而這些「證據」未必就是「事實」，正如前面所述，測謊、驗傷或ＰＴＳＤ鑑定固然是專家所做的報告，但就科學上來說未必無懈可擊，法庭不該全憑鑑定結果來斷定事實真偽，因為過度信賴「科學證據」，真相反而可能失去出現的契機。

法官判斷性侵案的真假不易，救援團體要平反性侵案亦然。就像平冤會執行長羅士翔形容的，救援性侵冤案很像行走在「深水區」，遇到的障礙很多，往前走很困難，他們能做的十分有限：

「就比較嚴格的角度來說，不論是測謊、驗傷或PTSD精神鑑定，都算是無效證據，你不能說它們不科學，但裡面有太多種可能性了。前陣子司法院召開測謊公聽會討論測謊的證據力，馬上就有人說，如果取消了測謊，那被害人怎麼辦？這涉及我們使用測謊的出發點是什麼。如果測謊是為了找出犯人，當然很好，可是無辜的人也可能通不過啊！」

士翔坦承，許多案子確實難以判斷是否冤枉，這也是平冤會成案率不高的原因。但他表示平冤會救援的案子，都是透過審案會議繁複的初審與複審等程序，認為不只是「罪證不足」，而且是「真實無辜」才會立案，足見他們謹慎的程度。

平冤會總是在跟時間賽跑，就怕遲了一點會斷送一個人的未來，而每次案子被法院以莫明其妙的理由駁回，總是讓他們啞然不知所措。以某甲的案子來說，他們請趙儀珊出具證詞鑑定書送去再審，沒想到立刻被駁回，原因是：「然就證人包括告訴人、被害人不利於被告所為證述內容之憑信性，係屬供述證據證明力之判斷問題，而此本屬事實審法院之職權，且屬審判之核心，自不得由法院以外之他人越俎代庖而取代法院之獨立判斷，致侵蝕審判獨立之民主法治基本原則。」

明明是科學證據，卻被扣上「侵蝕民主法治基本原則」的大帽子，這樣的結果，真讓人難以接受。

「碰到這種狀況，你會不會感到無力？」我問。

「當然會啊！」士翔不加思索地說。

「真的嗎？我都看不出來耶。」

「咦，我以為我跟你說了很多次了耶，我都沒講過我的內心深處嗎？」他笑了起來。

「沒有啊。」

「真的喔？……好啦好啦，我來講一下自己的感覺好了。」

士翔到平冤會已經是第七年了。起初他們運氣算是不錯，碰上龍綺的案子很快就傳出好消息，可是接下來幾年，許多案子一再遭到駁回，救援行動停滯不前，讓他不免開始質疑這份工作的意義。

「以前辦公室還沒那麼多人，案子也沒那麼多，我從早到晚都在想陳龍綺或鄭性澤的事，反正也沒別的事好想，一整天都在整理案件資料。就這樣，幾個月就過去了，好像什麼事都沒有進展，那時候真的會覺得說我在這裡幹嘛？心裡有很多的困惑。」

「你的困惑是什麼？」我問他。

「就是我還要在這邊做多久啊？（笑）當時我的感受是，我沒有被冤，卻好像冤了自己，一方面覺得很多事該做，一方面又沒有鬥志，整個人卡在這邊（手比胸口），很鬱悶，有時候會覺得乾脆放棄算了。」

最讓他感到氣餒的，應該是鄭性澤案吧。龍綺平反成功之後，平冤會湧入大量申訴案，他們很是振奮。二〇一四年八月，檢察總長顏大和替鄭性澤提出非常上訴，讓他以為前途一片大好，沒想到最後還是被駁回了。

「你感到無力或難過的時候，會做什麼？」

「如果是在辦公室接到消息的話，就是不講話……悶啊。」

「後來是怎麼熬過來的？」

士翔低頭考慮了一會兒，提起影響他頗深的一位前輩，平冤會發起人王兆鵬教授。那時服務於臺大法律學院的王兆鵬遠赴美國紐約參訪無辜者計畫，有感於臺灣沒有類似組織，便與羅秉成、葉建廷、高涌誠等人共組平冤會，自己卻在成立的第二年告別紅塵，出家修行去了。

「大概二〇一五年吧，那時我覺得很悶，大概是來平冤會以後最悶的一年，跟幾個義務律師跑去佛寺找他，抱怨我們做的事都沒有結果。他慈祥地看著我們，以充滿智慧的口吻說：『有啊，你們做的事情都會有結果，只是你們現在還沒看到而已。』那時候聽了這句話，哇，真的有被鼓勵到！」

那句話，回答了士翔內心的疑問，卻沒有消除他的無力感。沒想到日後一趟紐約之行卻改變了他。

那時紐約大學亞美法中心規劃了一場四週研習課程，邀請臺灣與中國關心冤案的律師學者瞭解美國冤案實務，士翔代表平冤會參與了整個課程。他們參訪美國無辜者計畫，與北卡冤案調查委員會、密西根大學美國冤案紀錄中心、定罪完善小組進行交流，發現各國平冤行動的差異：

> 在中國談起無辜者運動，行動者可能得付出難以想像的成本。在與幾位中國學者的交流下，我開始認識到臺灣無辜者運動的基礎條件……成熟的民主政治、獨立的司法審判、堅強的市民社會，缺一不可。成熟的民主政治讓冤案倡議毋須擔心一朝醒來會成為國家的敵人；獨立的司法審判讓無辜者相信法院會依法審理；而臺權會、民間司改會、廢死聯盟、人本等團體對冤案的關注，以及一波又一波

的冤案救援行動，這些都是無辜者運動的基礎，而我們十分幸運參與其中。4

此行他還親炙了無辜者計畫創辦人薛克（Barry Scheck）律師的風采。看到這位投身平冤工作逾二十五年的律師依舊活力四射，慷慨激昂地談論著正在進行的冤案，讓喪氣的他有如再度得到了力量（士翔的說法是：「好像是開悟了還是怎麼樣」）。隨著返臺日期愈來愈近，他也愈來愈接近自己。

「後來協會的案子陸續傳出好消息，我也慢慢覺得，這已經超乎一份工作可以得到的收穫，就不覺得有什麼是無法忍耐、或做不下去的了。以前我哪想得到，有一天鄭性澤可以坐在我的對面跟我抐豬屎（閒聊）？現在對我來說，案子是有進有退，有些案子我覺得可能不妙，不過就算接到被駁回的報告，我還是會很氣，已經不會想要放棄了……我已經走過來了，對於未來該做什麼、不該做什麼，已經不會遲疑了。」

士翔從不聲嘶力竭地提高音調，也不刻意採取冷靜的語調，只是平靜而穩健地投入救援，一次又一次走向艱難而人跡罕至的荒地。漫漫旅途，他終究做出了選擇，凝視他人，也面向自己。

冤案的氣味

誰真正有罪？這個「罪」，未必指的是法律定義的罪，因為許多時候，法律無法涵蓋所有的正義。

如果許倍銘是清白的，卻遭到司法誤判，該從哪裡開始檢討起？愛女心切的媽媽？不明究理的老師？負責詢問的員警？開立判決書的法官？這是一個密密麻麻、脈絡繁複的網絡，每個人都只是大網中一個極小的環節，至於個人能為自己負責多少？沒有人有答案。

前平冤會理事長、現任行政院政務委員羅秉成在《法官的被害人》的推薦序裡有一段話是這麼說的：

「在那場雪崩中，沒有一片雪花會感到抱歉」，是書中「沃姆斯集體性侵案」的辯護律師哈斯（Gabriel Hass）在結辯陳詞所引用的詩句。雪崩是一片片雪花累成的，

4〈再訪西四街，告別西四街〉，羅士翔，《西四街筆記》，頁二，冤獄平反協會，二〇一七。

為什麼沒有一片雪花需要對雪崩負責？在現代司法體系採分權的原則下，自然經手過每一個個案的司法人員（廣義的包括警、調、檢、法）都只能在司法生產線的「分工」下負責一部分或一小段的工作。責任因分工而分散。如果把案件搞錯弄壞了，通常不會只是某部分、某段落或某個人的問題而已，系統性及制度性的累積錯誤反倒成為個別錯誤製造者的庇護之地，別人犯的錯，你遲早也會犯到，所以閉嘴是最安全的策略。司法專業人員面對如此巨大冤案的集體沉默，最是震懾人心。[5]

在許案有如雪崩一般的冤屈過程中，有沒有人感到抱歉？我並不確定。但可以肯定的是，已有不少法界人士知道這起冤案，只是鮮少有人打破沉默。因為，閉嘴是最安全的策略。

接觸許案以來，羅秉成的名字總是不斷自大家口中出現。阿婷說：「第一次見到大羅（這是他們對羅秉成的膩稱，有別於同樣是律師的「小羅」羅士翔），我們覺得他好像關公，看起來很威嚴的樣子。他對哥哥的案子很熟悉，心思又很細膩，每次怕我們聽不懂那些法律術語，都花很多時間說明給我們聽，談完還問我們說，你們有什麼意見？我們哪裡有什麼意見？人家是大教授耶，竟然願意聽我們的意見？我們就覺得說，這個律師真的很不一樣！」

龍綺告訴我，平反之後他跟太太在市場擺攤賣小卷，開業以後，羅律師親自南下捧場，讓他超感動的。他想捐錢給平冤會，羅律師不許，要他自己保重身體就好。「以前開庭，我被法官凌虐的口氣激到在裡面暴哭，也是羅律師當庭抗議，一直給我鼓勵……他是我心目中的神！」

士翔的說法更玄妙。他說，羅律師好像在冥冥之中有一股力量：「他不需要鼓勵你，但你知道他在鼓勵你；他不需要稱讚你，但你知道他是支持你……」而後他笑著加注：「我這樣會不會太把他偉大化了？」

在眾聲喧嘩的民間改革團體之中，平冤會是個獨特的存在，他們不常在媒體現身，更鮮少開記者會，只是恪遵邏輯分析，聚焦在案情本身，以低調而沉穩的步履做事。我問過士翔為什麼不太宣傳案子？他說，他們想用道理說服法官，而不是讓大家覺得被告很可憐；而且羅律師（羅秉成）認為，臺灣成熟到可以用對話去說服對方，不必

5〈冤罪風險猶似初春懸崖上的薄冰〉，羅秉成，《法官的被害人》，頁十六，衛城出版，二〇一六。

再為了錯誤或冤枉的案件去捲動社會壓力，何況這麼做未必能讓真相還原得更清楚，只會讓人認為法院是因為社會壓力才改判。嗯，說得真好。

我很好奇，這位走過蘇（建和）案與鄭（性澤）案，做為兩次死刑案辯護人的「神級人物」，是基於什麼理由決定救援許倍銘？他又是如何判斷許倍銘是清白的？

「冤案有一種味道，」羅秉成借用德國刑事律師許文（Johann Schwenn）的話這麼說：「錯誤的判決會有一種特殊的味道，這種判決聞起來有種笨笨的、鈍鈍的味道[6]，這句話非常傳神，我非常有同感。許案就是這樣。這個案子的證據構造脆弱，故事講起來很弱，我在看卷宗的時候就覺得something wrong，等看了這個人，跟他對話，覺得他在面對問題的時候直接不閃避，也強化了我對這個案子的可疑性，覺得這樣的人，會做這樣的事嗎？」

在羅秉成眼中，許案是「沉默的冤案」，這種冤案的沉默並不是噤聲不語，而是不知如何言說，遂逐漸沉默了下來。這也是許多性侵冤案的共同特徵——沒有一翻兩瞪眼的DNA檢測結果，只能倚賴大量情狀、臆測或推理去建構出犯罪事實。法院僅憑少量證據與大量推理建構犯罪事實，顯然是充滿了風險，而這樣的風險，連法官自己都未必察覺。

歷任法官都忽略了許案筆錄與實際訪談狀況的差異，就羅秉成看來絕對是明顯疏失。「只要看過錄影帶就知道事實跟筆錄差很多，如果法官沒有看筆錄，而是直接看錄影帶，光憑八歲中度智障小女孩回答的狀況，旁邊又那麼多人暗示引導，應該不至於覺得她的回答沒有問題！」[6]

刑事司法制度不是沒有防錯機制，例如無罪推定原則，就是不讓無辜之人受到冤屈的設計。但臺灣是採「卷證併送」制度，將起訴狀和偵查中所有資料一起移送給法院，若是法官在審理之前看了警詢筆錄之類的資料，很可能會影響了心證而有預斷之虞。[7]羅秉成聽說有法官為避免心證被可疑的證據汙染，在開庭前會請書記官將筆錄悉數抽掉，寧可直接傳喚證人詢問，可見他們亦知筆錄有著不確定的危險因素。

單憑筆錄認定犯罪事實的冤案，羅秉成的經驗可多了。多年前，某少女翹家至羅的當事人家裡借住，事後控告他強制猥褻，奇怪的是，少女第一次接受警詢時是否認

---

6 許文這段話，見《法官的被害人》，頁一九〇，衛城出版，二〇一六。

7 我國刑訴制度採取「卷證併送制度」，根據刑事訴訟法第二百六十四條規定，檢察官起訴時，必須向法院提出起訴書，起訴書內應記載被告的基本資料、犯罪事實和證據，而且起訴時，就應該把卷宗及證物一併送交法院。法官事前可能會受到檢方起訴時併送的卷證資料影響，對被告產生偏頗的心證、無法公正審判，違反無罪推定原則。

的，直到第二次才表示是上回漏說。羅秉成覺得事有蹊蹺，向法院申請調閱檔案，並順利調取到第一次警詢錄影帶，看了之後才知道，問題可大了。

「原來筆錄中有關猥褻的記載，只有簡單兩行字：『你跟他一起睡的時候，被告有沒有對你做猥褻行為？』『沒有。』我們拿到錄影帶一看，你猜這兩行警察問了多久？二十分鐘！那個小女生根本不知道什麼是『猥褻』，還問警察說，這是什麼意思？那個警察算是用心，很仔細解釋說，意思是他有沒有對你毛手毛腳？小女生問道，摸哪裡才算毛手毛腳？警察告訴她，就是摸你胸部或摸你下體。就這樣解釋了二十分鐘，小女生終於聽懂了，最後回答說，沒有。」

一般人看到詢問畫面結束，大概就關機了。但羅秉成沒有，他堅持看到最後一分鐘。然後，驚人的畫面出現了。

「筆錄做完以後，警員走出去，一個男人走進來，是小女生的爸爸，指著小女生大罵：『你這個戇囡仔，你按呢講，咱是要安怎告啦？』小女生頂嘴說：『伊嘛毋對我安怎啊？伊哪是有安怎，我就e喊啊！無係安怎甲人講有？』（他沒對我怎樣啊？他如果有怎樣，我就會喊啊！沒有是要怎麼說人家有？）如果員警沒有錄影，如果我沒有看到最後，就不會知道發生了什麼事，因為筆錄上沒寫！」

這個意外的發現，讓法官認為少女是父親唆使才改口稱被猥褻，最後以證據不足判被告無罪。

現場是通往真相的道路，法官只靠筆錄研判，沒有勘驗現場，是冤案常見的情況。羅秉成辦過一起跟許案相似的案子：智障女童控告老師性侵，羅律師與法官一同到現場查看，發現案發現場的窗臺很低（與許案同），窗玻璃是透明的（與許案同），兩旁不是教室就是休息室（與許案同），若是被告想性侵學生，怎麼會選在這種人來人往的地點下手？讓人怎麼想也想不通。

「小孩說，她是坐在講臺前面的小椅子上被性侵的，這個說法也很奇怪。如果老師要性侵，好歹也選在講臺後面做，怎麼會選在講臺前面，讓路過的人一目了然？而且讓小孩坐在椅子上性侵，就姿勢來說也很難完成。法官研判老師在那裡性侵的可能性不高，後來判被告無罪。」羅秉成頓了一下，語重心長地說：「所以（許案）我們提再審，就是希望法院把錄音帶拿出來聽一下，到現場去看一下，啟動原來沒有的調查，可是他們沒有這麼做。這麼少量的證據，這麼多可疑的情狀，卻一直被認定有罪，我覺得很遺憾！」

但，就算法官不聽錄音帶，不勘驗現場，還有陳慧女、趙儀珊等人的專家報告啊！

明明有這些科學鑑定做為新證據，為何法官仍執意以卷證認定事實，不願開啟再審？羅秉成猜測，他們是質疑鑑定報告的科學性與可靠性，而這樣的質疑，多少也反映了司法人員與其他領域之間的對話不足。

「供述性證據可不可以用？要不要相信？這在司法審判傳統是法官的核心權利，不可能把它交給別人判斷。趙儀珊的鑑定報告說甲女證詞的可信度有問題，法官無法接受，他們認為可信度的證明應該是法官來判斷，怎麼會是別人？這就是觀念的問題了。趙儀珊很勇於踏出象牙塔，她的鑑定有她的方法論，可是法官對司法心理學的發展很陌生，輕忽了這個方法論，也錯失了拯救冤案的機會！」

從事律師工作近三十年，羅秉成自有他的工作節奏與判斷邏輯。平冤會每次正式立案救援之前，他都希望面見當事人，做為判斷是否真實無辜的依據。他怎麼確認自己判斷無誤？

「平冤會的案子，我不敢講每個都真實無辜，沒有人有這樣的把握，除非你是神，你救的案子才可能絕對正確。但我也有可能犯錯啊！我常講，救錯人跟愛錯人一樣慘，而且會讓整個協會信譽掃地，所以我們很謹慎，盡量避免發生錯誤。」

羅秉成有個「翻開每顆小石頭」理論，意即處理案子時，必須對每個細節都抱持懷疑，重新檢視。的確，如果把每樁冤案攤開來看，可能都有「哪裡怪怪的」的那種感覺，但如何把「哪裡怪怪的」，聚焦成為具體的問題？這也是平冤工程最為棘手之處。

「剛才你提到錯誤的判決有種笨笨的味道，你是怎麼嗅出來的？判斷案子冤不冤，真的必須得靠一點直覺嗎？」我問他。

「這有點難以言傳，我盡量解釋看看……」羅秉成笑了起來，「判斷冤案需要有客觀條件跟主觀意識，當然不只是嗅不嗅得出來而已。我自己的經驗是，第一，當事人堅決否認，這點非常重要。通常我會特別注意已經被關、或是在跑路還在喊冤的人。不過每個個案需要不同的判斷，最後還是要回到證據本身的分析與評價，但有時真實無辜也會導向我去發現無罪的線索。第二，是與當事人的接觸。我在丟出問題時會注意對方的回應，這跟每個人的閱歷跟經驗有關，不過有時觀察也會騙人。有句話說：『對當事人最好的訴訟，就是當事人要騙得過律師，律師要騙得過法官。』某些人也許就是這麼高明，但如果熟悉他的背景，就會知道他有沒有這個能耐，這是衡量得出來的。我只見過許倍銘兩次，跟他不算熟，也沒有長期相處，那麼短暫的接觸要去判斷他是否真實無辜，確實比較多的部分是依靠直觀。」

執法者是人，既然是人，就可能有缺陷，就可能會犯錯，這是個沒有解答的問題與困境。許案的判決確實有問題，可是真相是什麼？在清白仍舊籠罩著疑雲之際，許倍銘選擇逃亡是否明智？這樣的做法，羅秉成是支持，還是反對？

「身為他的律師，我沒有支持或不支持的資格……」他略略思考了一會，嚴肅說道：「我用陳龍綺的例子來說好了。他喊冤的時候已經在跑路了，我跟他約在臺中見面訪談案情，那時我是勸他去服刑，因為我知道攜家帶眷、隱姓埋名過日子太辛苦了，如果發生什麼意外，怎麼辦？萬一開啟再審，他還在逃亡，要申請法院交保也很困難。可是他的說法我到現在還記得，他說：『既然我沒做錯事，為什麼要進去？如果真要被關，我寧可被拖進去，絕不會自己走進去！』既然他都這麼說了，我也只能接受。所以你問我支不支持許倍銘逃亡？我說不上來，因為這是他自己的決定，我只能接受。」

當年鄭性澤案提起非常上訴被駁回，眾人士氣十分低落，羅秉成寫給救援小組的短信上如此說道：

伙伴們：

昨午後作大雨，最高檢駁回鄭案非常上訴通知，驟至。

失望就留在昨雨。

請各位再奮起！

羅秉成與平冤會同仁所做的，是在照亮公權力尚無法企及的角落。或許他們有過失望，卻從來不曾絕望。許倍銘的救援行動，他們還沒有贏，但至少他們沒有輸了善意、輸了良心。

失望就留在昨雨。這一役，已是美好的一役。

七、尾聲

我們希望能有明確的證據，渴望事情一清二楚，毫無疑問，渴望這個世界黑白分明。但現實並非如此，刑事訴訟很複雜，真相只是表面，而且很少是單純的，這樣的真相永遠令人難以承受。到最後，我們只能仰賴刑事訴訟法的嚴謹，來判斷一個人的罪過。這仍舊是我們所擁有的最佳方法。[1]

每次閱讀席拉赫這段文字，我總是感慨。

許倍銘案是個悲劇性的錯誤，沒有任何證據顯示他性侵了巧巧，除了巧巧的說法。

這起案子最令人毛骨悚然的地方，就在於它真實揭露了一個我們無法面對的事實：有那麼多人都弄錯？怎麼可能？

我想像整件事的發展是這樣的：天真的巧巧隨口說了句話，過度緊張的媽媽誇大了嚴重性，讓巧巧覺得自己做錯了事。大人的態度愈嚴厲，她愈混亂無助，不知如何是好，就怕自己說錯了什麼被罵。她開始不斷地附和大人的說法，說出他們想聽的，而她，不過是個八歲的智障女孩。

案件的偵辦與判決結果有千百種，但事實只有一個，如何突破重重的迷霧發現真相，一點也不容易。一旦執法者固著於個人認定的真相，將所有與控訴不符的證據丟到一邊，終將造成無法挽回的憾事。

檢調機關與法院理應不偏不倚地判斷案情，這是他們的法定任務。當他們認為自己是對的，就很難認為其他可疑之處有什麼好追究，而這樣的態度可能反過來強化了既有的證據與說詞。就這樣，一個被形塑出來的故事得到歷任法官的認可，確認了許倍銘的罪狀，讓他成了無罪的罪人。他們未必是惡意，只是深信自己的判斷，而他們以為自己所做的一切，都是為了正義的緣故。

我們常以為掌握了真相，卻不知道真相並非如此。冤枉就是這麼回事。

許倍銘的冤屈是特例嗎？看看平冤會眾多申訴案件，就會知道這樣的事情一再發生，很難單純歸咎於是個案。那麼，究竟是哪裡出了問題？

每個環節都出了問題。如果巧巧的陳述沒有被誘導，如果醫師未做出超越專業的鑑定，如果警察、檢察官與法官沒有那麼強烈的預斷傾向……如果每個人懷抱著「許倍銘真的是犯人嗎？」的疑惑，緊緊扣著這樣的疑惑去思考下一步該怎麼做，或許整件事就不會發生了。

只是截至目前為止，在這場有如雪崩般的冤案中，沒有一片雪花感到抱歉。

因不願淡化巧巧（可能）被性侵的殘忍，更不想基於扁平的義憤為許倍銘翻案，調查撰寫本書的過程有如在鋼索之上行走，舉步惟艱。這起案件說明了我們以為的真相，可能只是透過大量的臆測拼貼出來的。這也不禁讓我開始思索，在做出符合公平的價值判斷、尋找修補不義的具體行動之前，我們每個人是否願意放下成見，花時間看見案情之中複雜而糾結的關係？除非擺脫個人狹窄、有限的經驗，設身處地理解牽涉其中的各種因素，否則很難做到。

我始終認為，法律具有強烈的現實感與實踐性，縱使它有一定的局限，只要執法

1《可侵犯的尊嚴》（*Die Würde ist antastbar*），頁九十—九一，費迪南・馮・席拉赫（Ferdinand von Schirach），先覺出版社，二〇一六。

者對於法律抱持著信念，願意傾聽與理解，不斷審視從事這個行業的價值，冤案就有平反的希望。至於許倍銘案的未來是凜冬將至？還是長夜將盡？我沒有答案，僅以艾默思．奧茲（Amos Oz）的一段話做為結尾：

> 我不相信快樂的結尾，也不覺得一定要以巨大悲劇收尾，但或許能留下一個還算讓人活得下去的未來、一個充滿可能性又振奮人心的未來。

先入為主的狼師想像

李茂生，國立臺灣大學法律學院教授

任何法律人只要看過這本書，第一個感覺應該是不舒服，然後經回饋再回饋終於理解了為何會感到不舒服。原來這如果是課堂上的案例，應該就是一個違背《刑事訴訟法》上眾多蒐證規矩，甚至是個違背《刑事訴訟法》原理原則的範例，但現實上卻是個有罪定讞的刑事案件，而且許多從事冤案救援的團體雖然仍舊鍥而不捨，但也異口同聲地說這個案子很難得到平反。到底這個案子出了什麼問題？

首先，警詢記錄與性別平等委員會調查報告的內容，與逐字稿或光碟中所錄下的訊息有很大的差異。警詢與性平會調查會議的逐字稿或光碟中，明顯可以看出誘導詢問的痕跡，而警詢紀錄與性平會調查報告的內容都是經過「整理」後的產物，但是院檢都是直接採信這個整理後的產物。說學校導師、被害人母親、婦幼隊的女警、社工等，不懂法律，那就算了，但是連教育部人才資料庫中被認定為專家的性平會調查委員，其調查過程都荒腔走板，這真的就叫我這個想向教育部申請登錄為性平調查專家卻被教育部以專業不足而拒絕的人，情何以堪。

其次，連我都可以看出問題重重了，為何院檢會看不出來？難道是他們只看整理過後的紀錄或報告，但都沒有去比對逐字稿或光碟？更可議的是，院檢都沒有去現場勘驗，而根據事後由辯方律師等所進行的現場模擬，發現不論在時間上或地點上，都不可能發生性侵犯罪。

好，就算親屬、導師、社工、警察、性平調查專家、檢察官、法官等沒有專業好了，那麼精神科醫師應該有專業了吧。在這個案子中，出現了許多科學辦案的技巧，例如偵訊娃娃、指認等，都有不合規矩之處，但都比不上被委託為精神鑑定的精神科醫師的所作所為。雖然科學鑑定有其一定的不確定性，但於此並不是質疑此點，出問題的不是科學鑑定的方法或結論，而是鑑定者的態度。本案有就被害女童進行了創傷後壓力症候群的鑑定，精神科醫師於鑑定報告中雖然沒有確認創傷後壓力症候群的症狀，但是卻在報告的最後來個神來一筆。醫師說有些個案確實不會有症狀出現，但沒有症狀不代表沒有被性侵，行為人的行為無法饒恕。這種儼然成了審判者的態度到底是訓練不足所致，還是因為菁英分子的傲慢，這點我無從判斷，但是看了以後真的會有點心驚膽跳。

如果以上三點還不能讓我墮入無法翻身的深淵，那麼做出最後一擊的應該就是最終審的法官了。一般而言，對於專家的診斷如果有所懷疑時，會去找第二意見，以資比對。但是在本案，看都不看、問都不問，一句話：「沒必要」，就將最後一根稻草放到已經精疲力竭的駱駝背上。

那這個事件的行為人呢？對於一件已經事隔許久且是日常工作一部分的事情，突然間被問及、被調查，大部分的人應該都無法詳細記起事情的原委、時序等，這是人類記憶的局限，但是一旦被「鎖定」，那麼記憶上的模糊就會被超譯成說謊。於是「沒嫌疑的話，為何要說謊」的標籤就會被貼在頭上，一生都無法撕下來。再者，從一開始不論是女童母親、導師、社工，還是女警都直截了當地問被害女童，許老師（行為人）怎樣怎樣的。被疑者只有行為人而已，而如果許老師沒有做，那就沒有嫌疑犯了。小孩不會說謊，所以絕對有事，而且就是許老師做的。這種想法或許才是萬惡的淵藪。

本書作者在一開始的時候就談到《房思琪的初戀樂園》這本書，也談到自己寫過幾本有關校園老師性侵學生的書籍，直言不知道能不能將這本關於加害人的書寫好。雖然以結果論而言，這本書寫得非常好，有心之人會從其中得到許多反省的契機，但是若不能理解作者於本書起頭數頁內容的意義，那麼可能還需要繞一些路才能到達終點。

作者想表達的不外是一種先入為主的想像，換句話說就是「狼師想像」。在眾人的想像下，許老師成了本案的犯罪人，同時也是一位狼師。但這是否為事實？性侵很多都是密室犯罪，而密室內的犯罪大多僅有被害人的陳述而已，所以必須靠周邊的其他情狀證據來加以證明，而這些很多都是傳聞證據。如果不留意的話，很有可能會在誘導、以訛傳訛的情況下，由眾人創造出被害人的記憶，並架構出一個非常寫實的犯罪事實。

作者於本書後半段，蒐集了一些性侵的案例，在這些案例中，法官運用了證據法則，做出了無罪判決。本案的辯護律師也提出了類似的理由替許老師辯護，但是這些曾讓其他一些案例獲得無罪判決的理由，於本案中卻無法發揮效力。為何他案可以，而本案不行？原因何在？有一說認為在白玫瑰運動後，大部分的法官懼怕恐龍標籤，所以不太願意就性侵案判決無罪或輕判。但事實上已經有根據《刑事訴訟法》中的證據法則，斷然判決無罪的例子了，所以這應該不是造成本案有罪判決的理由。不過，或許從法官對許案辯護律師所提出來的新鑑定報告所採取的態度，可以窺見一些端倪。法官已經鐵了心，無法動搖了。則，為何會鐵心？

民國八十年代我剛回國時，曾仗著年輕氣盛，參與了蘇建和案的平反運動。當時我看到的是司法對於社會下階層人士的輕蔑，如今這種趨勢已經不復存在。不過，取而代之的，則是對於弱勢者的保護與對於擁有權勢者的懷疑。本案的當事人就是符合了這個趨勢。為了防衛社會而監視社會下階層人士，與為保護弱勢而懷疑擁有權勢者，這都是正義的表現，只不過時代不同，其內涵也有所差異而已。在正義之名下，刑訴的原則是極度地卑微。我們缺乏有前瞻眼光的政治人物，但我們從來都不缺正義魔人。

或許在看過這本書後，我們仍舊無法得知真相，不過基於善意，應該可以得到以下的結論。每個參與審判的人都沒錯，但同時他們可能都錯了。沒錯的部分是指大家都沒有惡意，而錯的部分則是指大家都太正義魔人了，於先入為主的懷疑下，不斷地尋找支持自己論調的說詞，進而忽視了其他矛盾的部分。人生如此，審判更是如此。

本書可以一口氣輕鬆讀完，但是讀完後，那個心中的鬱悶是久久無法消除。

Voice

春山之聲　006

無罪的罪人
迷霧中的校園女童性侵案

作　　者　陳昭如
總 編 輯　莊瑞琳
責任編輯　吳崢鴻
行銷企劃　甘彩蓉
封面設計　蔡南昇
內文排版　藍天圖物宣字社
法律顧問　鵬耀法律事務所戴智權律師
出　　版　春山出版有限公司
　　　　　地址：11670 台北市文山區羅斯福路六段297號10樓
　　　　　電話：02-29318171
　　　　　傳真：02-86638233
總 經 銷　時報文化出版企業股份有限公司
　　　　　地址：33343桃園市龜山區萬壽路二段351號
　　　　　電話：02-23066842
製　　版　瑞豐電腦製版印刷股份有限公司
印　　刷　搖籃本文化事業有限公司
初版一刷　2019年7月1日
初版四刷　2024年3月15日

定　　價　300元

春山
Email　SpringHillPublishing@gmail.com
Facebook　www.facebook.com/springhillpublishing/

填寫本書線上回函

國家文化藝術基金會
National Culture and Arts Foundation
NCAF

國家圖書館出版品預行編目資料

無罪的罪人：迷霧中的校園女童性侵案 / 陳昭如作.
-- 初版. -- 臺北市：春山出版, 2019.07
　面；　公分. --（春山之聲；6）
ISBN 978-986-97359-6-4（平裝）

1.刑事案件　2.個案研究

585.8　　　　108009102

All Voices from the Island

島嶼湧現的聲音